Come cercare lavoro

Claudio Andreano

La vita ha due doni preziosi: la bellezza e la verità.
La prima l'ho trovata nel cuore di chi ama
e la seconda nella mano di chi lavora.

(Khalil Gibran)

© Febbraio 2022
ed. Maggio 2022

Indice generale

Come cercare lavoro

Prefazione

Questo breve manuale si intitola "Come cercare lavoro" perché come trovarlo è un'altra cosa. Trovare il lavoro che si vuole non è facile e non è per tutti. Obiettivo di questo manuale è dare alcune indicazioni per indirizzare al meglio le energie necessarie per la ricerca di un nuovo lavoro (o del primo lavoro): mi auguro che con questi suggerimenti diventi più semplice anche trovarlo.

Trovare un nuovo lavoro non è semplice ma nemmeno impossibile: anche nei momenti in cui l'economia è in recessione o stagnante c'è sempre un certo ricambio nelle aziende, nulla è immutabile o per sempre. Se con una economia stagnante le possibilità di lavoro sono minori, più limitate, questo significa soltanto che dobbiamo imparare a muoverci meglio, con più determinazione e con più intelligenza.

Per trovare una cosa bisogna cercarla, ma soprattutto bisogna sapere cosa cercare e dove cercare. Questo il senso del titolo e del libro: fornire indicazioni e suggerimenti che aiutino a indirizzare meglio i nostri sforzi per raggiungere il nostro obiettivo.

Non ci sono ricette magiche per trovare il lavoro, anche perché il dato di quasi tutti i paesi occidentali è che il lavoro manca. E se non c'è, o scarseggia, trovarlo diventa più difficile, la competizione si alza di livello e ci obbliga ad essere più pronti, più preparati. Quindi occorre lavorare su due fronti:

1) imparare a cercare bene;
2) indirizzare le energie verso i canali migliori.

Contestualmente dobbiamo investire su noi stessi per essere più preparati e per colmare le nostre lacune. Pensare che basti scrivere un bel CV per ottenere il posto desiderato è una favola: in Germania dicono che l'abito apre la porta una volta sola, dopo qualche qualità dovete pur averla.

Per questo il capitolo relativo alla redazione di un CV è relegato in fondo a questo breve manuale e si limita a dare alcune generiche indicazioni, la vera differenza deve farla la qualità del candidato.

Più avanti verranno indicati una serie di suggerimenti, link ai siti, etc. ma non vengono fornite le istruzioni specifiche su come inserire le candidature, come accedere, etc. Tale compito è affidato al lettore che si presuppone abbia una certa familiarità con gli strumenti informatici e con Internet.

Buona lettura e buona fortuna.

Claudio Andreano

Aggiornamento COVID

Nel frattempo la situazione è certamente peggiorata, il quadro economico si è fatto più difficile e probabilmente alcuni settori saranno più penalizzati rispetto ad altri. Al momento nessuno può dire l'esito delle restrizioni per l'economia, tuttavia nessuna notte è per sempre. Ci sarà una certa contrazione del mercato del lavoro ma ad ogni crisi inevitabilmente c'è chi perde qualcosa e chi invece guadagna posizioni, settori in contrazione e settori in espansione. Le aziende saranno sempre alla ricerca dei profili migliori, per cui mai come adesso occorre puntare su se stessi e sulla preparazione personale.

1. Puntare sulla preparazione. Aggiornarsi costantemente deve diventare un abito mentale;
2. Limitare la ricerca di lavoro cercando tra gli annunci. Troppo spesso sono una perdita di tempo che serve solo ad arricchire i database delle aziende di ricerca;
3. Costruire e mantenere una rete di relazioni stabili. Amici,conoscenti, colleghi;
4. Non abbattersi per un no, Servono molti no per arrivare al si che ci interessa. Inoltre, da ogni no si può imparare qualcosa. Al termine di ogni percorso bisogna domandarsi: dove ho sbagliato, dove posso migliorare;

5. Tenersi attivi, se possibile, in altri campi: leggere, alimentare la curiosità, fare attività fisica, cercare di dormire almeno sette ore.

Come cercare lavoro

1 Considerazioni generali

Cercare lavoro è un lavoro. Occorre impegno, tempo e dedizione. Se avete una buona idea potete provare a mettervi in proprio, ma non è così semplice come spesso viene raccontato nei convegni. Non è solo una questione di soldi, ma riguarda l'idea che abbiamo, le nostre capacità, la voglia di mettersi in gioco e come pianificare lo sviluppo del nostro lavoro da autonomi. Soprattutto serve un'analisi approfondita e depurata dal facile entusiasmo. In un capitolo a parte darò alcune indicazioni sul mettersi in proprio, che comunque è pur sempre un'opzione da considerare.

Per cercare un'occupazione occorre pensare a diverse strategie che vanno utilizzate in base all'esperienza, all'età, al sesso, alla regione in cui si vive, al nostro livello di istruzione. Insomma ogni persona ha delle caratteristiche e dovrà escogitare un percorso che lo aiuti ad ottenere il massimo. Mi limiterò a dare alcune indicazioni generali senza avere la pretesa di avere la soluzione definitiva valida per tutti e per ogni latitudine del paese. Il problema principale, nel mondo occidentale, è che il lavoro, come i capitali finanziari, si sono spostati verso altre aree del mondo e che di conseguenza bisogna cambiare atteggiamento nella ricerca di un lavoro.

Molti anni fa "bastava" comprare un quotidiano nei giorni deputati agli annunci (in genere il venerdì / sabato) e fare un po' di telefonate o spedire delle lettere;

nemmeno allora era semplice trovare una occupazione anche se le condizioni erano certamente migliori.

Oggi i margini si sono ristretti e la preparazione gioca un ruolo fondamentale. Per questo il primo consiglio comunque è di non tralasciate lo studio. Se studiare è noioso e faticoso, lavorare potrebbe esserlo molto di più e molto probabilmente senza un buon percorso di studi dovrete adattarvi a fare lavori peggiori, pagati male e con scarsa soddisfazione. D'altra parte non c'è nessun automatismo tra il percorso di studi fatti, l'impegno profuso e i risultati acquisiti. Può capitare di dover accettare delle posizioni lavorative nettamente al di sotto delle proprie capacità e domandarsi se ne è valsa la pena di studiare tanto per ottenere lavori che avreste potuto ottenere con molti meno anni di studio. La cosa certa è che quasi sempre non vale il contrario, cioè che senza nessuna cultura e nessuna preparazione riusciate ad ottenere un ottimo lavoro.

Se pensate di fare affidamento su una certa avvenenza fisica (vale per gli uomini come per le donne) prima o poi sarà bene che impariate a fare qualcosa, non potrete pensare di usare la vostra immagine per tutta la vita. Qualcuno ci è riuscito? Certamente, qualcuno anche per periodi più o meno lunghi, ma mai per tutta la vita. E' facile dover ridimensionare le proprie aspettative di vita perché le condizioni al contorno sono cambiate e quando ad una certa età siete costretti ad abbandonare posizioni di assoluto comfort dovrete fare i conti con una realtà improvvisamente ostile.

Il CV è certamente importante, il principale biglietto da visita in campo professionale, ma esistono sistemi alternativi per presentarsi alle aziende e ai selezionatori. Prima di scrivere un CV bisogna pensare ad altro, per certi versi è una delle ultime delle cose da fare. Verranno illustrati alcuni principi base per compilare un buon cv e verranno individuati alcuni siti che potranno essere utilizzati come aiuto per delle presentazioni più accattivanti rispetto al CV tradizionale.

Come cercare lavoro

1.1 Il cambiamento

Viviamo in un'epoca dove il cambiamento è diventato un paradigma. Anche se crediamo di essere sempre gli stessi, di non cambiare mai, in verità cambiamo in un processo lento ma inevitabile: ci cambia la vita, le difficoltà che dobbiamo affrontare, le malattie, le condizioni economiche. Tutto intorno a noi cambia. Ancora pochi anni fa potevamo pensare al posto "fisso" come posto a vita. Oggi diventa difficile perché le aziende si spostano, i mercati cambiano molto velocemente e anche le grandi multinazionali non riescono a mantenere posizioni di leadership per troppo tempo. IBM sembrava avere un predominio assoluto nel settore IT fino agli anni '70 ma altre aziende, più giovani e maggiormente pronte a cogliere le opportunità si sono affacciate e hanno soppiantato IBM ai vertici della classifica per essere a loro volta sorpassate da altre aziende. Nel settore della telefonia il predominio di Motorola sembrava netto, poi venne l'era Nokia, poi Samsung, Apple e probabilmente domani avremo l'era Xiaomi.

In un mondo che cambia così velocemente dobbiamo pensare che le nostre competenze e conoscenze possono essere soppiantate e diventare obsolete nel volgere di pochi anni, che le condizioni di lavoro cambiano, le aziende si spostano. Diventa importante non solo investire su noi stessi per essere pronti al cambiamento ma bisogna contestualmente essere ben presenti sul mercato per essere pronti ai cambiamenti futuri. Non solo per muoversi prima che la vostra azienda chiuda o si trasferisca ma anche per evitare di essere presi alla sprovvista. Molto meglio giocare d'anticipo. Non si tratta di essere scorretti ma di essere attenti.

Siamo abituati a restare nella nostra zona di "comfort" e questo oggi può essere molto rischioso. Non significa che dobbiamo dedicare energie in continuazione alla ricerca di nuove situazioni ma significa semplicemente che non possiamo permetterci di ignorare i segnali che vengono dal mondo esterno, anche se pensiamo di essere in una azienda al top del mercato e di avere una posizione inattaccabile.

Analogamente le nostre conoscenze possono rivelarsi vecchie o obsolete, possiamo ritrovarci dall'essere considerati importanti all'essere marginalizzati, il tutto nel volgere di pochi anni. Pensare "a me non accadrà mai" è la comoda bugia che ci raccontiamo per evitare lo sforzo di dover cambiare vita, lavoro e magari anche città.

1.2 Il Sistema del lavoro

Il mercato del lavoro è qualcosa di dinamico difficilmente riconducibile al semplice schema di domanda ed offerta. Le cose non sono così banali perché non c'è una generica domanda ed una generica offerta. Per spiegare con un esempio non c'è il negozio dove puoi trovare tutto alla rinfusa ma ci sono negozi specializzati. Il latte non si compra dagli elettrodomestici e anche nei grandi iper-store ogni tipologia di prodotto ha le sue corsie riservate. Per questo motivo parlo del sistema della domanda e del sistema dell'offerta: perché non tutti i lavori sono uguali ed intercambiabili, non tutte le aziende hanno lo stesso clima culturale, hanno le stesse dimensioni o la stessa vocazione sul mercato, la stessa propensione all'innovazione o alla conservazione; allo stesso modo non tutti i candidati sono adatti a ricoprire qualsiasi ruolo.

In un sistema complesso ci sono aziende che crescono e aziende che segnano il passo, candidati preparati a raccogliere le sfide e candidati inadatti a ricoprire alcuni ruoli. In questo contesto le agenzie di intermediazione fanno quello che possono ma osservo anche, con dispiacere, che i risultati sono molto al di sotto delle aspettative.

1.2.1 Sistema della domanda di lavoro

Con sistema della domanda si intende la somma di tutte le persone che sono attivamente alla ricerca di una occupazione. Si tratta di un sistema complesso che è possibile suddividere in sottoinsiemi per sesso, istruzione, regionalità, età, etc. e che hanno tipologie di approccio differenti. Dal nostro punto di vista questa suddivisione non ci interessa molto se non per individuare a quale sottoinsieme apparteniamo ed eventualmente con quali altre persone siamo in competizione. Un interesse maggiore per queste classificazioni lo hanno gli specialisti delle aziende di selezione che devono "scovare" i profili interessanti disponibili per una determinata posizione. La cosa importante è capire che viviamo all'interno di un sistema complesso dove nuotiamo nello stesso mare con migliaia di altre persone anche loro alla ricerca di un'occupazione e non abbiamo come concorrenti solo i disoccupati o le persone in cerca di prima occupazione, ma anche tutti quelli che desiderano muoversi da una azienda ad un'altra. Tale complessità deve essere uno stimolo per affrontare al meglio la ricerca e mirare al giusto obiettivo compatibile con le nostre esigenze e con le nostre capacità. Avere degli obiettivi corretti aiuta a non disperdere inutilmente le energie e a puntare solo verso le situazioni per noi più interessanti e più raggiungibili.

Uno degli errori più comuni, specialmente all'inizio della carriera lavorativa, è di puntare ad un generico lavoro, qualsiasi lavoro purché sia un lavoro. Ritengo che sia meglio concentrare gli sforzi solo su quelle tipologie di lavoro compatibili con le nostre caratteristiche, con la nostra cultura e il nostro percorso di studi.

1.2.2 Sistema dell'offerta di lavoro

Il numero delle aziende presenti sul mercato sono certamente inferiori rispetto al numero di lavoratori anche se si tratta comunque di numeri notevoli; purtroppo anche a seguito della estrema frammentazione del sistema produttivo in Italia. I numeri sono più o meno questi[1] (i numeri sono arrotondati per comodità):

- 8,2 milioni le partite IVA esistenti;
- 6,2 milioni le partite IVA attive;
- 3,9 milioni le partite IVA di persone fisiche (lavoro libero professionale e autonomo in senso stretto), di cui: circa 2,2 milioni le partite IVA delle professioni non organizzate in ordini e collegi; circa 1,1 milioni le partite IVA delle professioni organizzate in ordini e collegi; circa 600mila le false partite IVA.
- 1,9 milioni di professionisti iscritti in 27 ordini e collegi che generano circa il 6.6% del PIL;
- 3,5 milioni di professionisti non organizzati in ordini e collegi di cui circa 1 milione risulta

---

1   *Dati elaborati a fine 2016 da Flavia Pasquini su statistiche Istat, Isfol e Censis*

iscritto in circa 1500 associazioni professionali
che generano il 9% del PIL a livello
individuale ed il 21% con le aziende collegate.

L'ISTAT ha censito poco meno di 4,2 milioni di
imprese in Italia[2] (dato 2007); le imprese con più di 250
dipendenti sono, a quella data, poco meno di 4.000 (per
un totale di poco più di 4 milioni di occupati a fronte del
17 milioni di occupati totali). Questo dovrebbe far
riflettere su alcuni aspetti: le aziende grandi sono molto
poche, solo lo 0,1% del totale delle aziende italiane, e
per puntare alle grandi aziende bisogna avere un
approccio più strutturato, orientato al raggiungimento
dei risultati, una buona preparazione di base unita ad un
livello culturale e scolastico di una certa importanza. Ci
sono, va sottolineato, molte piccole aziende che fanno
dell'eccellenza il loro business e che pur piccole
rappresentano degnamente l'Italia nel mondo.

Per dare un'idea delle grandi aziende italiane si
faccia riferimento al seguente prospetto realizzato
dell'Area Studi Mediobanca Milano, 25 ottobre 2019[3].
Molte di queste grandi aziende sono Spa partecipate
dallo stato. Una notazione per non farsi ingannare dai
dati presenti in tabella: grandi incrementi del personale
spesso evidenziano che l'azienda è cresciuta attraverso

---

2   http://dati.istat.it/Index.aspx?DataSetCode=DCSC_GI_COS#
3 LE PRINCIPALI SOCIETÀ ITALIANE ED. 2019 **A cura
dell'Area Studi Mediobanca** Milano, 25 ottobre 2019

l'acquisizione di altre aziende. In genere negli anni
successivi l'azienda si "assesta" riducendo il personale.

Da quello che si vede l'offerta di lavoro è
frammentata in tante piccole aziende. Più avanti
vedremo come ricercare le aziende attraverso il WEB e
come cercare informazioni utili alla nostra candidatura.
Occorre perdere un po di tempo per selezionare a nostra
volta le aziende che fanno per noi e informarci sulla loro
solidità e sulle prospettive di crescita.

	Azienda	Quotata	Dip. 2018	Dip. 2017	Variazione su 2017
1	POSTE ITALIANE	Q	134.360	138.040	-2
2	FERROVIE DELLO STATO ITALIANE		82.944	74.436	11
3	LUXOTTICA GROUP	Q	82.358	85.150	-3
4	EDIZIONE		82.100	67.115	22
5	ENEL	Q	69.272	62.900	10
6	TELECOM ITALIA	Q	57.901	59.429	-2
7	LEONARDO	Q	46.462	45.134	2
8	ALMAVIVA - THE ITALIAN INNOVATION COMPAN		43.648	41.104	6
9	CALZEDONIA HOLDING		36.653	34.137	7
10	FCA ITALY		32.519	32.836	
11	ENI	Q	31.701	32.934	-3
12	SAIPEM	Q	31.693	32.058	-1
13	COSTA CROCIERE		31.508	30.104	4
14	PIRELLI & C.	Q	31.489	30.189	4
15	PRYSMIAN	Q	29.160	21.050	38
16	SALINI IMPREGILO	Q	26.564	31.137	-14
17	PARMALAT	Q	25.671	26.662	-3
18	SUPERMARKETS ITALIANI		23.560	23.094	
19	COOPSERVICE		22.214	20.788	6
20	COOP ALLEANZA 3.0		21.634	22.429	-5

2 Il mercato del lavoro

Jeremy Rifkin ha analizzato la trasformazione del mercato del lavoro in un saggio che risale ai primi anni novanta[4]. Nel suo lavoro Rifkin evidenzia come fino agli anni '90 il lavoro si sia spostato, grazie alle innovazioni e alla tecnologia, dal settore primario (agricoltura) verso l'industria, e quindi dall'industria al terziario (servizi), e poi ancora verso servizi ancora più evoluti (terziario avanzato). In questa modifica del mercato del lavoro ad ogni posto perso in un settore se ne sono creati più di uno nei nuovi settori, in un circolo virtuoso che ha permesso la crescita delle economie occidentali. All'inizio degli anni '90, con l'apertura e il consolidamento dei mercati globali, anche il lavoro ha smesso di crescere nei paesi occidentali, in modo diverso nei vari paesi: in alcuni di più in altri di meno, ma tutti hanno subito una contrazione del mercato del lavoro. Dove i livelli occupazionali si sono mantenuti, anzi sono addirittura aumentati, è stato spesso a discapito della qualità del lavoro e della remunerazione del personale[5].

La bella notizia è che il mondo occidentale, anche se ha rallentato la crescita (e anche i grandi paesi asiatici hanno iniziato a farlo da un po') continua ad aver bisogno di personale, soprattutto di personale qualificato.

---

4   Jeremy Rifkin, - La fine del Lavoro - Baldini&Castoldi – 1995

5   https://www.ilsole24ore.com/art/disoccupazione-usa-minimi-mezzo-secolo-ma-salari-non-decollano-ABZ0v0tB

L'apertura ai mercati mondiali ha permesso a molte più persone di accedere al mondo del lavoro, anche se ci sono situazioni in cui il lavoro è pagato male, svolto in condizioni di quasi schiavitù dove permangono fortissime le differenze di genere.

I dati contenuti nel rapporto "Prospettive occupazionali e sociali nel mondo: *Tendenze 2019" (World Employment and Social Outlook: Trends 2019 - WESO)* mostrano che nel 2018 la maggioranza dei 3,3 miliardi di persone occupate nel mondo era soggetta a condizioni inadeguate in termini di sicurezza economica, benessere materiale e pari opportunità. Inoltre, i risultati positivi relativi alla riduzione della disoccupazione a livello globale non si sono riflettuti nel miglioramento della qualità del lavoro[6].

Di fronte ad una spinta così forte sul mercato del lavoro proveniente da altri paesi con costi minori e minori garanzie le aziende spesso propongono contratti con condizioni molto penalizzanti (non tutte le aziende, sia chiaro), e a volte (o spesso) condizioni certamente peggiori rispetto a quelle di vent'anni fa.

Uno studio sull'andamento dei salari in Italia mostra come negli ultimi anni ci sia stata una lenta e costante erosione del potere di acquisto[7] mentre alcuni paesi europei hanno fatto anche peggio di noi; Francia e Germania invece hanno incrementato, al netto

---

6   https://www.ilo.org/rome/risorse-informative/comunicati-stampa/WCMS_671138/lang--it/index.htm

7   https://www.ilsole24ore.com/art/stipendi-in-italia-sono-piu-bassi-rispetto-10-anni-fa-ecco-chi-sale-e-chi-scende-europa--AB8Er6hB?refresh_ce=1

dell'inflazione, in modo sensibile il potere di acquisto dei salari dei dipendenti.

Altri studi comparativi a livello europeo mostrano come dal 2000 in avanti i salari e gli stipendi in Italia siano rimasti sostanzialmente uguali, mentre nel resto d'Europa crescevano[8].

Tutto questo non deve però demoralizzare chi si affaccia al mercato del lavoro, chi cerca di cambiare lavoro o chi cerca di ricollocarsi da persona matura. Certamente le condizioni sono più difficili e quindi occorre essere più preparati, consapevoli che potremmo essere costretti a rivedere le nostre aspettative ed il nostro stile di vita. Come in ogni cambiamento ci misureremo con una sfida nuova ed impegnativa il cui esito dipende in parte da noi ed in parte dalle condizioni esterne: non bisogna scoraggiarsi, anche se sarà molto più difficile trovare il lavoro che proprio ci piace pagato come vorremo noi.

---

8   https://thevision.com/attualita/stipendi-italia-futuro/

3 Analisi delle competenze

Per cominciare dobbiamo partire da noi: chi siamo e cosa vogliamo fare, per questo il primo passo è una analisi il più possibile obiettiva delle competenze.

Quali sono le vostre competenze? Le competenze potete averle acquisite a scuola oppure sul lavoro. Alcune possono essere delle doti che avete o che pensate di avere. Fate un elenco delle competenze e scrivetele. Questa è la base da cui dovete partire, sia che dobbiate scrivere un CV, sia che dobbiate affrontare un colloquio. Vediamo come affrontare in modo organico questo esame personale. Pensate a voi stessi e scrivete, per ciascuno di questi paragrafi, le caratteristiche che vi identificano meglio, otterrete un elenco di attributi che permetteranno al selezionatore di sapere chi hanno davanti. Appuntate anche i vostri limiti, le vostre carenze e mancanze: non dovete nascondere a voi stessi i vostri limiti ma lavorare su questi per superarli.

Questo esercizio è utile per diversi aspetti di cui questi ritengo siano i più importanti:

-      mostra i vostri limiti attuali e quindi vi dice dove dovete intervenire per migliorare. Anche gli aspetti più ruvidi del nostro carattere possono cambiare se lavoriamo sui nostri punti deboli per migliorarci. Inoltre su alcuni limiti che sappiamo di avere possiamo procedere con l'auto-formazione o seguendo dei corsi specifici. Se pensate che questo sia un costo pensate a quanti soldi spendete per oggetti inutili e valutate che le conoscenze personali non sono un costo ma un **investimento**, tanto più importante in quanto rivolto proprio verso di voi. Un telefonino dopo un po' di anni lo abbandonerete in un cassetto, le vostre competenze vi permetteranno di comprare un telefonino migliore di quello che avete adesso;

- fornisce un argomento qualora in sede di colloquio il selezionatore vi chiedesse: mi dica un suo punto di forza e un suo punto di debolezza. Rispondere non ho punti di debolezza è di una presunzione abissale (anche se ci sono persone che sono convinte di essere perfette), parlare di alcuni nostri punti deboli e spiegare cosa stiamo facendo per migliorarci, invece, fornisce al selezionatore l'idea di una persona attenta e pronta al cambiamento.

Alla fine di questo lavoro i risultati vi serviranno per compilare il CV e per parlare di voi al vostro esaminatore. Sull'argomento esistono centinaia di riferimenti sul WEB, con esempi e modelli da seguire, consiglio di effettuare qualche ricerca in proposito.

Per entrare nello specifico, dal mio punto di vista le **competenze** sono il punto di arrivo di conoscenze, capacità e abilità. Vediamo cosa si intende con ciascuna di queste attitudini.

3.1 Conoscenze

Le conoscenze sono la somma delle cose che avete imparato, principalmente dalla scuola, dall'educazione e dall'esperienza. Avete imparato a fare i conti, a salutare le persone e che toccare una stufa può bruciarvi una mano. La conoscenza che ci interessa riguarda ovviamente l'ambito professionale ed è la somma della teoria e della pratica in un determinato ambito professionale (che poi è quello che vi interessa evidenziare).

L'errore più comune riguardo alla conoscenza è pensare di essere arrivati al punto in cui si può smettere di studiare. La mia insegnante di pianoforte mi raccontò che quando finalmente riuscì a diplomarsi al conservatorio di Parma, il suo professore di pianoforte la gelò immediatamente dicendole: "bene, adesso è arrivato il momento di studiare sul serio". Questo significa che tutto quello che impariamo e studiamo a scuola rappresenta la base su cui andremo a costruire la nostra professionalità.

Oggi la produzione di informazioni è sterminata, sul nostro pianeta ogni giorno vengono prodotti 34 Gigabyte di informazioni[9] mentre nel medioevo l'uomo medio per ricevere la stessa quantità di informazioni

---

9   https://nuovoeutile.it/sovraccarico-cognitivo-information-overload/

doveva aspettare probabilmente per tutta la vita. Con una mole così grande di informazioni pensare di essere arrivati al punto in cui non ci sia più nulla da imparare è poco più che un'illusione, oggi il paradigma imperante è quello della **formazione continua o permanente**[10]. Le aziende più competitive, quelle che reggono meglio il confronto e che governano l'innovazione sono quelle che investono di più in formazione: persone più preparate sono più motivate, lavorano meglio, danno più risultati in minor tempo e aumentano la redditività e il prestigio aziendale.

Quello che potete fare voi è cercare di fare auto-formazione in modo sistematico. Come? Leggendo, comprando testi specifici sugli argomenti di interesse, curiosando sul WEB, partecipando a convegni, seminari e webinar. Ne esistono moltissimi su diversi argomenti, anche in questo caso una rapida ricerca sul WEB dovrebbe fornirvi abbastanza informazioni per trovare gli argomenti di vostro interesse.

I risultati non sono immediati ma si misurano in mesi e anni di studio, in fatica e applicazione per questo bisogna considerare di dedicare del tempo a questa attività in modo sistematico e contestualmente agire sulla vostra **motivazione personale**. Se cade la motivazione cade ogni progresso acquisito con fatica, negli anni. Direi che la capacità di mantenere alte le motivazioni negli anni, la costanza nel perseguire gli

---

10   https://www.lavoro.gov.it/temi-e-priorita/orientamento-e-formazione/focus-on/Formazione/Pagine/formazione-permanente.aspx

obiettivi con impegno fanno certamente la differenza nel raggiungere gli obiettivi prefissati.

3.2 Capacità

La capacità di fare qualcosa è in parte legato alla sfera soggettiva, se vogliamo genetica. Nello sport, ad esempio, servono alcune dotazioni "di base" per riuscire in una specifica disciplina: non tutti possono giocare a basket o essere veloci nella corsa. Essere alti o bassi, muscolosi o leggeri sono la base per intraprendere una disciplina sportiva. Allo stesso modo la capacità di sintesi, di analisi, di fantasia, di intuizione sono capacità che non hanno tutti nella stessa misura e che fanno la differenza per scegliere in quale campo operare. Aggiungo anche la passione per quello che fate perché spesso la passione, che è la figlia dell'interesse, è il motore che vi spinge a migliorarvi fino ad eccellere in alcuni settori. Inoltre, se grazie alle vostre capacità e alle vostre passioni riuscirete a fare il lavoro che vi piace non solo riuscirete meglio nel lavoro ma il lavoro vi peserà molto di meno.

Le capacità da sole non bastano, occorre allenarsi per migliorarle e portarle a livello di eccellenza. Questo è quello che spesso la gente non vede o ignora, rifugiandosi dietro alla comoda riflessione che la persona in questione è brava, dotata, intelligente. Siamo impressionati quando vediamo una ballerina danzare leggera sulle punte, quando un tenore arriva al "do di petto", quando un atleta compie una impresa saltando oltre la legge di gravità. Dietro a questi risultati ci sono fatica, impegno, studio, dedizione. Nessuno può pensare di riuscire in nessun ambito senza applicazione; le sole doti personali o genetiche non bastano se non sono affinate e coltivate attraverso un impegno costante.

3.3 Abilità

Con abilità si intende l'esercizio e/o lo studio applicato alle nostre capacità. Quindi le conoscenze servono per aumentare le abilità unite alle capacità personali. L'abilità ci permette di portare a termine un compito in completa autonomia, sulla base delle conoscenze acquisite e delle capacità personali.

Le abilità crescono e migliorano nel corso della vita professionale e spesso diventano il nostro biglietto da visita quando dobbiamo presentarci ad un intervistatore. Fare un elenco delle proprie abilità e tenerlo aggiornato servirà non solo a compilare un CV, ma soprattutto a far capire quanto siamo pronti a svolgere un certo ruolo e a presentarci al meglio per una determinata posizione.

3.4 Competenze

Come cercare lavoro

Le competenze indicano come sappiamo utilizzare le nostre conoscenze, con quali capacità e abilità le utilizziamo, individuano gli ambiti di applicazione in cui eccelliamo. La somma delle competenze mostra la padronanza che abbiamo di un certo argomento / settore e mostra quanto siamo autonomi e responsabili nello svolgere i compiti che ci vengono assegnati.

Molte delle cose si imparano: si inizia a scuola ma non si finisce mai. Bisogna, per dirla con Senge, imparare ad apprendere[11]. Il percorso di apprendimento dura una vita, non sentitevi mai arrivati ma considerate che ogni punto di arrivo può e deve essere a sua volta essere il punto di partenza per raggiungere l'obiettivo successivo.

Se pensate che vi manchi qualcosa potete esercitarvi proprio su quell'argomento. L'atteggiamento peggiore è pensare che non si possa cambiare, che tanto quello che so (e che sono) ormai è questo, che sono fatto così e se mi vogliono devono prendermi così come sono. Se pensate di dover imparare l'inglese, imparare ad usare un computer, dimagrire per essere più presentabili, prendere la patente iniziate a farlo adesso. Ci sono cose che hanno un costo economico rilevante e forse non potete fare adesso ma ci sono altre cose che richiedono semplicemente del tempo, la voglia di farle e un investimento molto limitato. Se manca la voglia purtroppo dovrete accontentarvi di quello che vi capita, avrete meno possibilità di scelta e se avete anche delle abilità e delle capacità sarebbe un vero peccato

---

11   Peter Senge – La quinta Disciplina – ed. Sperling - 1992

sotterrare il vostro talento per non essersi impegnati abbastanza, per non aver trovato le giuste motivazioni.

Lavorare su sé stessi avrà anche un ulteriore vantaggio: non solo migliorerete le vostre competenze e abilità, ma migliorerete la vostra autostima, sarete più sicuri, vi presenterete meglio ad un colloquio come una persona che di fronte ad un problema nuovo e sconosciuto prova almeno ad affrontarlo. Insomma darete l'idea di persone affidabili, su cui si può contare.

3.5 Obiettivi di lavoro

Nei paragrafi precedenti abbiamo fatto la fotografia delle nostre competenze, adesso dobbiamo invece pensare a quello che vogliamo fare. Inutile dire che per lavorare al CERN come ricercatori non basta semplicemente essere laureati ma bisogna avere ulteriori capacità e abilità che non sono comuni.

Avere degli obiettivi chiari aiuta nella ricerca del lavoro: non inseguiremo tutte le situazioni e cercheremo solo quelle che possono essere interessanti per noi, in linea con i nostri obiettivi e con le nostre capacità. E' inutile candidarsi per una posizione solo per provare se non si hanno i requisiti corretti. Tuttavia occorre precisare che le aziende spesso ricercano un profilo "ideale" (il famoso ventenne laureato al MIT con trent'anni di esperienza) e trasmettono le loro richieste alla società di selezione che effettua una ricerca tra i candidati che più si avvicinano ai requisiti aziendali.

Come cercare lavoro

Al termine della ricerca l'azienda incaricata presenta un pool di candidati che si avvicinano alle richieste fatte dal cliente; questo significa che anche se non avete il 100% dei requisiti potete provare a candidarvi, tenendo presente che almeno un 60/70% di requisiti dovete averlo.

La motivazione rimane comunque un motore molto potente, a patto che gli obiettivi siano corretti e congruenti con il vostro profilo. Il modo più opportuno per incrementare la propria autostima e migliorare sé stessi è quello di darsi degli obiettivi raggiungibili. Ogni volta che raggiungerete un risultato avrete sempre più fiducia in voi stessi e nei vostri mezzi. E nel medio periodo potrete colmare quelle lacune che vi impediscono di accedere a degli impieghi migliori.

"Ma io ho cinquant'anni, ormai non posso più fare nulla". Ecco, questo è un esempio dei limiti che siamo così bravi a porci da soli. Se ogni volta che fa troppo caldo / freddo / siamo stanchi / abbiamo un dolorino / etc., prendiamo questo come una scusa per non fare nulla non andremo mai da nessuna parte. Se partite da questa considerazione nessuno potrà aiutarvi: l'unica speranza è che vostro padre sia il titolare di Google e che vi nomini presto A.D. dell'azienda.

4 Canali di ricerca

Oggi internet offre molte più possibilità rispetto a dieci anni fa ma nello stesso tempo ci sono anche molte più insidie. Proviamo a fare alcune considerazioni. Un tempo si leggevano le inserzioni di lavoro sui giornali, si inviava una lettera contenente il CV, le lettere venivano vagliate e i candidati migliori venivano invitati a presentarsi. I quotidiani[12] sono ancora in edicola e i giorni deputati alle inserzioni di lavoro sono ancora gli stessi (in genere verso il fine settimana) ma nel frattempo molti quotidiani hanno aperto dei siti WEB su cui pubblicano le ricerche di personale. In generale si tratta di ricerche vere, ma occorre fare sempre un po' di attenzione. Ad esempio un'azienda che cerca del personale trasmette l'idea di essere una azienda forte ed in espansione: questo escamotage in passato veniva utilizzato più per politica di marketing che per effettiva esigenza lavorativa. Oggi questo fenomeno è molto marginale. Anche alcune società di selezione un tempo utilizzavano questa tecnica (pubblicare annunci fasulli) al solo scopo di riempire i database di profili interessanti. Oggi, con la quantità di risposte che vengono inviate per ogni singolo annuncio direi che se le aziende di selezione potessero pubblicherebbero ancora meno annunci. Con l'utilizzo

---

12 Bisogna considerare che dal 2013 al 2018 la vendita dei giornali cartacei sono diminuite circa del 50%. Fonte www.datamediahub.it

della posta elettronica è estremamente facile rispondere ad un annuncio così le aziende sono sommerse di CV. A volte può capitare di ricevere 500 CV o più anche per una singola posizione specialistica. Questa situazione dovrebbe farvi riflettere su alcuni punti:

1. La concorrenza è notevole. Come utilizzate il WEB voi lo utilizzano anche gli altri, per questo motivo ad una singola richiesta le risposte sono moltissime;

2. Per farsi notare bisogna riuscire a distinguersi e usando gli stessi canali che utilizzano anche gli altri invece il rischio è quello di essere omologati e finire nel cestino degli scarti;

3. Si corre il rischio di essere scartati da un software di intelligenza artificiale perché non trova all'interno del nostro CV alcune parole-chiave ritenute qualificanti (un tempo questo ruolo veniva svolto da segretarie o da apprendisti-praticanti).

Quando si legge un annuncio occorre fare attenzione ad alcuni parametri presenti nell'annuncio, validi sia che si legga sul WEB che sul cartaceo. L'esperienza richiesta deve essere in linea con il profilo cercato, se cercano uno junior non devono essere presenti lunghi elenchi di esperienze richieste, mentre per posizioni senior dovrebbero essere specificate bene le caratteristiche del lavoro e delle esperienze richieste.

Se il profilo richiesto non è chiaro, fumoso, senza richieste di professionalità specifica e offrono un fisso mensile di 1.000€ o più credo che valga la pena di fare attenzione: le aziende non sono enti di beneficenza e nessuno offre soldi senza un ritorno economico. Occorre fare attenzione anche alle ricerche che prevedono l'inserimento di centinaia di profili, a volte accompagnate dalla dicitura in tutta Italia: è probabile che ricerchino davvero molte persone ma per la semplice ragione che alcune aziende hanno un ricambio notevole (turn-over) del personale e devono costantemente reintegrare il personale in uscita. Domandina facile: se fosse davvero un buon posto di lavoro le persone andrebbero via così facilmente? Da questo ragionamento escludiamo ovviamente i concorsi, dove è plausibile che vengano ricercate centinaia di persone, dato il costo del concorso e lo sforzo organizzativo per effettuare la selezione.

Esaminiamo i principali canali dell'offerta di lavoro.

4.1 Giornali e Riviste

A parte gli annunci di lavoro, che si possono trovare in giorni specifici sia sui quotidiani che sui giornali di annunci tipo secondamano[13] o portaportese[14], segnalo gli inserti dei quotidiani, che danno spesso indicazioni sul mercato del lavoro, pubblicano interviste, segnalano aziende, e offrono in genere

---

13   https://www.secondamano.it/

14   https://www.portaportese.it/

indicazioni utili per orientarsi. La menzione va all'inserto del Corriere della Sera "**TrovoLavoro**" che ha un'uscita settimanale e un'edizione WEB con molti spunti interessanti. Inoltre esiste il portale WEB al seguente indirizzo:

https://trovolavoro.corriere.it

Il sole24ore ha un inserto che si chiama Job24 dove è possibile tra l'altro inviare il proprio curriculum e una lettera di accompagnamento direttamente ai responsabili di selezione di agenzie per il lavoro, alle aziende, alle società di selezione e ai selezionatori di alti profili (dirigenti, quadri e profili senior in genere).

Anche La Repubblica ha il suo inserto lavoro, che come gli altri quotidiani raccoglie le inserzioni e permette di effettuare delle ricerche mirate.

https://www.repubblica.it/economia/miojob/

Poiché in generale sono le aziende a pubblicare e cercare persone per le posizioni di loro interesse, questo è un canale che non va sottovalutato, tenendo però ben presente che si tratta spesso di ricerche molto mirate per personale con capacità ed esperienza medio-alta, che quindi è difficile trovare nei normali canali di ricerca.

4.2 Aggregatori e siti di annunci

Con aggregatori si intendono portali e siti WEB che non si occupano direttamente della ricerca di

personale ma che pubblicano annunci di altri. La mole
di annunci pubblicati spesso è notevole, cosa che
invoglia ad effettuare l'iscrizione perché il servizio è
gratuito e ci sono centinaia / migliaia di annunci per
ogni tipologia di lavoro; col tempo si scopre che spesso
si tratta dello stesso annuncio ripetuto più volte su
diversi portali; a volte si tratta di ricerche chiuse da
tempo e spesso gli annunci riguardano lavori dal basso
profilo. Perché lo fanno? Perché spesso le aziende che
fanno da raccoglitori di annunci hanno l'obiettivo di
generare traffico e quindi di veicolare quanti più banner
pubblicitari possono. Queste società non hanno un vero
e proprio interesse a far incontrare la domanda e
l'offerta e quindi vanno utilizzati con giudizio. Se
proprio dovete, sceglietene uno solo, non registratevi a
tutti, vi farebbero perdere troppo tempo. Ci sono
strategie migliori per la ricerca di un lavoro.

Alcuni tra questi "concentratori" di posizioni si
distinguono per la qualità dei servizi offerti. Mi auguro
che non si offendano le aziende non citate. Tra i tanti siti
interessanti segnalo questi che per vocazione
internazionale, numero degli annunci vagliati ogni
giorno, qualità media delle inserzioni e numero degli
utenti sono, al momento, le scelte migliori.

1. Careeejet che ricerca le opportunità su 58.000 siti ed è presente in 50 paesi e tradotto in 20 lingue;
 2. SimplyHired;
 3. Indeed
 4. MyJobFinder
 5. Cliclavoro

Molti di questi portali hanno una vocazione internazionale, per cui è possibile effettuare ricerche anche per altre nazioni; prevedono una registrazione e permettono di profilare la ricerca per tipologia di lavoro, area di interesse, etc. Inoltre è possibile creare degli "alert" mirati per essere avvisati quando ci sono annunci in linea con le nostre richieste; una mail ci avviserà delle posizioni aperte. Un consiglio: per non essere sommersi da posta inutile, che dopo un po' non leggerete più perché contiene annunci davvero poco interessanti, progettate con cura i vostri alert e dedicate a questa operazione del tempo. Meglio ricevere una mail una volta al mese per una posizione interessante che una mail tutti i giorni con centinaia di annunci che non riuscite nemmeno a leggere e che dopo poco tempo inizierete ad ignorare.

4.3 Agenzie per il lavoro

Le agenzie per il lavoro interinale svolgono una funzione importante, sono radicate territorialmente e hanno una costante attenzione alla ricerca di opportunità lavorative. Inizialmente l'offerta riguardava principalmente posizioni di basso profilo, oggi ricercano personale anche per posizioni impiegatizie e in alcuni casi anche posizioni da quadro. Quando vi presentate vi chiederanno di registrarvi al sito e di compilare dei moduli. Dovrebbero procedere con un colloquio personale dopodiché non vi resta che aspettare. Se il selezionatore non vi ha giudicati molto adatti probabilmente non verrete chiamati per nessuna posizione.

Il vostro ruolo è <u>propositivo</u> nel momento in cui vi iscrivete e /o vi presentate, <u>dopo diventa passivo</u>. Altri decidono per voi e vi "faranno sapere". Se non avete una professionalità specifica sarete solo uno dei tanti. D'altronde, se avete una professionalità molto interessante e dei buoni contatti probabilmente non avete bisogno di un'agenzia interinale.

Come trovare le agenzie più vicine? Basta una semplice ricerca sul WEB, o ancora meglio, una passeggiata nelle vie del centro di una città. Portatevi dietro un vostro CV già stampato e entrate tranquillamente. Leggete sulla bacheca degli annunci per avere un'idea della tipologia delle posizioni maggiormente ricercate. Tenete conto che questa varia non solo tra una agenzia ed un'altra, ma anche da una zona ad un'altra della città o tra una città ed un'altra. Poiché le agenzie si rivolgono in una determinata area, le ricerche sono finalizzate alle esigenze di quella determinata area: possono quindi ricercare prevalentemente operai, o camerieri. Il consiglio spassionato è che se volete candidarvi come camerieri la cosa migliore è presentarsi direttamente a tutti gli alberghi e/o ai ristoranti di una determinata zona; questo è certamente il modo più rapido per auto promuoversi. Se dovete puntare ad una grande azienda invece la cosa migliore invece è telefonare ed esplorare in modo preventivo le effettive necessità. Vedremo meglio questo approccio nel capitolo 6.

Il limite della ricerca utilizzando le Agenzie per il lavoro è che il futuro non dipende da voi: sarete un numero in un archivio gestito da altri. Vi sentite in pace con la vostra coscienza pensando che qualcosa avete fatto, ma in realtà avete fatto molto poco, quasi nulla. Ricordate che per avere un principe che viene a casa vostra per farvi misurare una scarpa prima dovete aver partecipato al ballo, e durante il ballo avrete dovuto dimostrare qualche qualità. Il futuro dipende in larga parte da quello che facciamo e da come ci proponiamo.

4.4 Centri per l'impiego

Da molti anni i Centri per l'impiego raccolgono, attraverso i loro centri territoriali, le esigenze lavorative e le espongono in apposite bacheche. E' possibile, per altro, ricercare le opportunità anche sui siti provinciali / regionali. Non esiste una standardizzazione in proposito per quanto riguarda l'URL per cui il consiglio è quello di effettuare qualche ricerca ed eventualmente presentarsi ad uno sportello fisico. Nelle città più grandi esistono degli sportelli "informa giovani" (forse il nome nel frattempo è cambiato un certo numero di volte) dove è possibile, tra le altre cose, accedere ai repertori delle aziende nazionali (tipo Guida Monaci e Kompass) e raccogliere così informazioni sulle aziende (oltre all'indirizzo e al telefono sono disponibili anche i nominativi di persone che è possibile contattare personalmente). I centri per l'impiego[15] dovrebbero essere lo strumento principale per l'incontro tra la domanda e l'offerta di lavoro ma bisogna osservare che la percentuale di persone che trova lavoro tramite i centri è davvero molto bassa[16]: parliamo di circa il 3% delle persone che si rivolgono a tali centri. Per contro è possibile avere informazioni e suggerimenti utili per la prosecuzione della nostra ricerca. Anche in questo caso è prevista una registrazione; dopo è possibile accedere al sito, iscriversi ad una mailing-list per ricevere le offerte e rispondere alle inserzioni da casa.

4.5 Social

Ormai fanno parte della nostra vita, li utilizziamo per molte ore al giorno e sono entrati, insieme all'utilizzo di internet e di uno smartphone, nel nostro quotidiano. Quindi darò due tipi di suggerimento: come (non) utilizzarli per svago e come utilizzarli professionalmente.

---

15 https://www.anpal.gov.it/operatori/centri-per-l-impiego
16 https://www.agi.it/fact-checking/centri_impiego_lavoro_gelmini-4496915/news/2018-10-17/

Come cercare lavoro

Gli ultimi dati a disposizione per l'Italia dicono che passiamo quasi due ore al giorno sui social (da qualunque dispositivo) e sei ore su internet[17]. Gli utenti attivi su Internet in Italia sono 54,8 milioni mentre quelli attivi sui social sono circa 35 milioni (31 sui dispositivi mobili).

Come utilizzare i social per cercare lavoro? Dobbiamo considerare due modalità di utilizzo, una attiva e una passiva. Con modalità attiva intendo l'utilizzo delle piattaforme per cercare lavoro, contatti, aziende allo scopo di presentarci direttamente e candidarci per una posizione interessante. Per ulteriori approfondimenti sulla modalità attiva verranno date indicazioni nel capitolo relativo a "LinkedIn", mentre alcune considerazioni sulla modalità passiva, che riguardano il nostro modo di presentarci sul WEB, verranno affrontate subito.

Bisogna considerare che lasciamo molte più tracce sul WEB di quello che pensiamo ma per fortuna esistono strumenti per misurare la nostra reputazione su internet. Bisogna prestare attenzione alla Personal Brand Reputation per dare un'immagine di persona seria e preparata.

Come dice Gary Vaynerchuk "*Your personal brand is your reputation. And your reputation in perpetuity is the foundation of your career[18].*" Sempre più responsabili delle risorse umane danno uno sguardo al

---

17 https://www.pubblicitaitalia.it/20190201112153/digital/35-milioni-di-italiani-passano-due-ore-sui-social-network

18 https://www.garyvaynerchuk.com/5-strategies-for-personal-branding-online/

profilo Facebook dei candidati per capire meglio che tipo di persona andranno ad incontrare. Una singola foto in atteggiamento spiritoso probabilmente può essere accettabile ma attenzione a non trasmettere l'immagine di persone totalmente inaffidabili, arroganti, presuntuose, etc. Questo non significa azzerare la nostra vita sociale ma semplicemente avere un po' di accortezza soprattutto se siamo alla ricerca di una nuova occupazione e in particolar modo se ci interessa una posizione di una certa importanza. Se volete avere un'idea di quante informazioni ci sono su di voi nel Web vi suggerisco un semplice esercizio: provate a ricercare il vostro nome e cognome su un motore di ricerca (ricordatevi di metterlo tra virgolette " " se volete restringere i risultati), la vostra città di appartenenza e divertitevi a vedere quello il web conosce di voi. Per ulteriori approfondimenti consiglio di provare a fare un semplice test personale usando uno tra i tanti tool[19] che il WEB mette a disposizione per la misurazione di tutti i nostri profili: se provate a fare una ricerca resterete stupiti di quante informazioni su di voi circolano sul WEB. Per approfondire potete leggere qualche documento sull'argomento. Ricordatevi che tanta esposizione potrà anche farvi piacere, ma le informazioni che lasciate sul WEB sono molto interessanti anche per molti malintenzionati. Tra i tanti documenti consiglio di dare una lettura alle slide di Leonardo Bellini, che è possibile consultare su SlideShare[20].

---

19   https://brandyourself.com

Cercate di pulire i vostri social / siti e cancellare tutte le informazioni che possono essere interpretate in modo dubbio. Ricordate che ogni foto pubblicata può essere copiata e riproposta infinite volte e che di certe foto indesiderate probabilmente non ve ne libererete mai.

Per la ricerca attiva invece, a parte LinkedIn che merita un capitolo a parte, sugli altri social potrà capitare di conoscere persone che potrebbero darci una mano nella nostra ricerca. Il consiglio e di contattarle con molta educazione in chat privata, esporre brevemente cosa sappiamo fare e chiedere un consiglio o un aiuto:

"Sai mica se nella tua zona cercano? Conosci aziende a cui posso presentarmi?"

Non insistete troppo. Se una persona è in grado di darvi una mano lo farà volentieri, altrimenti è inutile insistere, otterrete solo di essere cancellati o, come si dice in gergo, "bannati".

4.6 LinkedIn

LinkedIn merita un discorso a parte. Rispetto alle piattaforme che si occupano di intrattenimento è cresciuto molto lentamente (ad oggi conta circa 610

---

20   https://www.slideshare.net/leonardobellini/personal-branding-reputation-31791097

milioni di utenti, è operativo dal 2002[21]) ma la caratteristica che ne fa uno strumento importante è che è una piattaforma professionale. Su LinkedIn potrete inserire il vostro percorso professionale, le aziende per cui avete lavorato, cosa avete fatto, illustrare le vostre competenze. Gli altri utenti potranno confermare le vostre competenze e questo potrà essere di un certo aiuto per i selezionatori. Le aziende potranno vedere il vostro profilo e, cosa importantissima, potete candidarvi agli annunci di lavoro che vengono direttamente pubblicati dalle aziende saltando così tutte le intermediazioni. Nelle impostazioni, poi, bisogna selezionare la disponibilità e la ricerca attiva di occupazione. Considerate che anche la vostra azienda può venire a sapere che siete alla ricerca attiva di lavoro. A parte questo Linkedin sembra perfetto per la ricerca di occupazione ma occorre fare alcune precisazioni.

I profili ricercati sono in genere profili con un discreto bagaglio tecnico / culturale; non vengono ricercate figure temporanee o con scarsa professionalità, anche se il quadro è destinato certamente a cambiare. Bisogna considerare che quando si risponde ad una ricerca probabilmente probabilmente ha già risposto qualche centinaio di persone, in fondo basta fare qualche click. LinkedIn vi aiuta anche suggerendovi quanto le vostre caratteristiche si avvicinano al profilo ricercato, mostrando quante, tra le caratteristiche

---

21 Facebook è stato aperto nel Febbraio 2004 e ad oggi conta 2,41 Miliardi di iscritti e 1,59 Miliardi di utenti attivi giornalmente

ricercate, sono in linea con il vostro profilo e vi indica anche in quanti hanno già risposto a quella inserzione.

Su LinkedIn inoltre sono registrati anche molti addetti del settore HR (Human Resource), cioè quelle persone che si occupano di ricerca e selezione del personale sia di società di ricerca e selezione, sia perché svolgono tale funzione all'interno delle aziende. Non siate invadenti: chiedete il contatto e mandate una breve mail di presentazione. Inutile insistere, come abbiamo già visto potrebbe essere controproducente. Spesso però vi viene indicato un indirizzo e-mail per spedire il proprio CV.

Un suggerimento: se avete competenze specifiche e avete fatto nel passato delle presentazioni in Power Point, potete utilizzare Slide Share per pubblicarle e renderle disponibili ad altri. Saranno un ottimo biglietto da visita da citare all'interno del vostro profilo Linkedin e sul vostro CV. Bisogna sapere che una volta che una foto, un documento, un manuale vengono pubblicati sul WEB sono a disposizione di tutti, anche di chi si appropria della vostra capacità intellettuale per farla propria. Quindi non pubblicate cose troppo personali o relative a segreti aziendali di cui siete venuti a conoscenza, non pubblicate cose che per voi hanno un alto valore professionale ma allo stesso tempo ricordate che, come diceva il maestro Lao Tsu, *se vuoi ricevere prima devi dare.*

Infine, su LinkedIn c'è una sezione dedicata alla ricerca di posizioni aperte; è possibile impostare i parametri della ricerca e candidarsi per le posizioni aperte. Anche in questo caso meglio tenere traccia delle posizioni per cui ci si è candidati e del CV che abbiamo inviato.

4.7 Amici

Sì certo, gli amici, in senso lato e /o in senso
proprio. State cercando lavoro, mica volete rapinare una
banca. Quindi telefonare agli amici, agli ex-colleghi,
conoscenti e ogni altra persona con cui avete condiviso
qualcosa nel passato quando si cerca lavoro è
assolutamente normale, anzi è quasi un obbligo.

Sottolineo quanto sia importante costruire e
mantenere una rete di relazioni personali da curare e
salvaguardare nel tempo. I vostri contatti sono la cosa
più importante che avete, curateli con costanza per
evitare di chiamare una persona dieci anni dopo per
chiedergli se si ricorda di voi e che voi avete bisogno di
lui. Bisognerebbe prendersi il tempo di telefonare ogni
tanto agli amici e cercare di tenere viva la rete di
relazioni, possibilmente ampliandola. Un suggerimento
è quello di frequentare associazioni di categoria per fare
quello che gli inglesi chiamano "lobbing".

Anche in questo caso vale la pena di utilizzare
Excel. Fate un elenco dei contatti che pensate di poter
chiamare, indicate una data di ultima telefonata, un
campo note dove aggiornerete i risultati della telefonata.
Una domanda importante da fare (sempre), nel caso di
amici, è chiedere ulteriori contatti in modo da poter
ampliare la rete delle possibilità; inoltre considerate che
se ogni amico può mediamente suggerirvi un altro
contatto avete di fatto raddoppiato le vostre possibilità.

Nel caso degli amici è molto importante,
soprattutto per gli amici più stretti, avvisarli quando
avete concluso la ricerca e/o aggiornare le vostre

informazioni mettendoli al corrente dei progressi raggiunti con i canali che vi hanno suggerito. Non è un obbligo, si tratta semplicemente di correttezza o educazione.

5 Trappole da evitare

Se un'azienda vi offre un lavoro non deve chiedervi dei soldi, mai. Quindi fate attenzione a chi vi chiede qualcosa prima di offrirvi un'opportunità di lavoro. Saranno bravi a raccontarvi che grazie ai loro servizi avete il vostro lavoro già in tasca, ma dovete anticipare alcune spese, iscrizioni in fantomatici registri, spese di invio, servizi di tipo evoluto. Ci sono aziende che predispongono corsi che "garantiscono un lavoro all'80%" (e cercheranno di convincervi che voi siete proprio in quell'80%). Non voglio generalizzare, esistono certamente aziende serie che organizzano corsi i cui risultati sono eccellenti. Bisogna però ricordare che le società di selezione sono pagate dal committente, quindi non devono chiedervi nulla, anzi fa parte del loro codice deontologico[22], e che le società di formazione non hanno come obiettivo la ricerca di un lavoro, quindi non sono obbligate a trovarvi lavoro.

Alcune società propongono di scrivere un CV per voi (vedremo al capitolo CV come impostarlo), o di tradurlo in Inglese. Si offriranno di spedire il vostro CV ad un certo numero di indirizzi "qualificati", cosa che con un po' di impegno potete fare da soli (l'argomento è trattato in un capitolo apposito), quindi in generale

---

22 Mi è capitato personalmente che mi chiedessero una cifra importante per garantirmi una nuova posizione di lavoro. Dopo avermi assicurato della certezza quasi matematica del risultato ho proposto di usare come pagamento il mio primo stipendio a lavoro ottenuto. Inutile commentare che sono ancora in attesa di una risposta.

offriranno dei servizi per delle cose a cui potete provvedere da soli con un investimento decisamente minore rispetto a quello richiesto e un po' di impegno da parte vostra: meglio utilizzare le risorse economiche in modo più produttivo.

Per togliervi ogni dubbio sulla serietà dell'azienda che vi sta proponendo i suoi servizi fate qualche ricerca sul WEB[23], con il nome dell'azienda e leggete attentamente i commenti delle persone che hanno usufruito dei servizi per misurarne il grado di soddisfazione: fate attenzione ai commenti positivi riportati sul sito WEB dell'azienda stessa, potrebbero (e quasi certamente lo sono) essere di parte. Se l'azienda non è seria probabilmente ci saranno decine di riferimenti negativi. Fate attenzione alle date: se riuscite a capire che il sito è recente o la data di costituzione è troppo recente, potrebbero mancare i riferimenti per effettuare una valutazione oggettiva.

Al minimo dubbio evitate di proseguire, capiteranno situazioni migliori. Per quanto riguarda la formazione, poi, esistono molti corsi finanziati direttamente dalle strutture pubbliche (Comuni, Regioni, UE, Fondazioni): bisogna avere tempo e voglia di cercarli; spesso sono corsi che danno risultati ottimi con personale docente di un livello eccellente.

Fate attenzione anche alle aziende che promettono guadagni stratosferici anche a persone senza esperienza; per converso per le persone che hanno già esperienza,

---

23 Quando fate la ricerca su internet, provate ad aggiungere il termine truffa o qualcosa di simile in aggiunta al nome della azienda. Ad esempio "Produttori Associati srl" truffa.

occorre considerare che l'esperienza ha un valore intrinseco e che non è il caso di svenderla.

6 Strategie di ricerca

Il WEB oggi può aiutare molto, ma presuppone che un po' di impegno dobbiate mettercelo voi. Del WEB 2.0 si diceva che le aziende mettono a disposizione la bicicletta ma a pedalare sono gli utenti (per essere precisi, Facebook e YouTube forniscono la piattaforma, le utilities e gli strumenti per la pubblicazione, i contenuti ce li mettono gli utenti. In cambio della piattaforma "gratis" noi cediamo loro i nostri dati personali). Nei capitoli precedenti abbiamo visto che esistono siti concentratori di annunci di lavoro e aziende che effettuano direttamente la ricerca del personale. I limiti di queste strategie di ricerca è che danno pochi risultati, per contro l'impegno richiesto è davvero poco. Basta registrarsi, compilare qualche form e rispondere con alcuni click. Adesso suggerisco un metodo "attivo" di ricerca, un po' più faticoso ma che è in grado di dare risultati migliori.

Ci sono persone che, a completamento dell'iscrizione a qualche sito o a qualche agenzia, scrivono un CV e poi lo portano in giro a quelle dieci / venti aziende che conoscono vicino casa. Questo è un buon inizio, però non è detto che il lavoro sia così vicino a casa e che le aziende contattate in questo modo esauriscano le possibilità presenti nel mercato del lavoro. Spesso occorre ampliare il proprio orizzonte oltre i 2 km da casa. In un mondo che cambia velocemente, non solo dal punto di vista della tecnologia, bisogna essere pronti a cambiare: settore, azienda, città. Consiglio una simpatica lettura[24] di alcuni anni fa ma ancora attuale: l'autore (Spencer Johnson) suggerisce di cambiare il proprio angolo di visione per non restare intrappolati nella propria comoda realtà. E' necessario uscire dalla zona di "comfort" e mettersi in gioco per sperare di avere risultati migliori. Vediamo nel dettaglio le principali strategie da utilizzare, precisando che andranno adattate alla vostra persona, alle vostre esigenze, al tempo che avete da dedicare.

6.1 Preparazione della ricerca

Un po' di teoria. Bisogna distinguere tra cold-call e telefonate mirate. Nel primo caso facciamo telefonate a casaccio, sperando che qualcuno si mostri interessato al nostro prodotto (che in questo caso siamo "noi"). E' come se prendessimo l'elenco telefonico o una serie di numeri di telefono recuperati da internet e decidessimo di chiamare uno per uno tutti i numeri. E' come sparare nel mucchio sperando di portare a casa qualcosa. Questa tecnica è una delle più utilizzate, soprattutto dalle aziende di tele-marketing, anche se ha un ritorno di efficacia bassissimo; la diferenza rispetto a noi è che loro effettuano migliaia di telefonate, casuali, e alla fine qualche malcapitato abbocca. Siamo tempestati tutti i

---

24 Chi ha spostato il mio formaggio? Cambiare se stessi in un
mondo che cambia in azienda, a casa, nella vita di tutti i giorni.
Spencer Johnson – Ed. Sperling

giorni da mail (spam) e telefonate indesiderate.
Fastidioso, vero?

Per fare un esempio pratico che rende bene l'idea
della differenza tra fare telefonate a pioggia e fare
telefonate mirate: pensate di avere un sacchetto di
caramelle miste e di lanciarle a casaccio davanti a voi.
Qualcuno ne prenderà tre, alcuni zero, alcuni caramelle
al rabarbaro mentre a loro piacciono quelle al latte, e
così via. Adesso immaginate di "perdere" un po' di
tempo per informarvi dei gusti delle persone, e di
consegnare direttamente dei sacchettini di caramelle con
i gusti dei vostri interlocutori. In questo secondo caso
raggiungerete meglio il vostro obiettivo di contattare
solo le persone a cui, almeno sulla carta, apprezzano i
gusti che siete in grado di offrire. Ecco perché il
contatto diretto funziona meglio e il tempo perso nella
fase di ricerca è poi guadagnato nella fase di
proposizione. Se nel vostro sacchetto non ci sono
caramelle alla menta non cercherete le persone che
vogliono le caramelle alla menta.

Fuor di metafora, cosa significa, nello specifico,
cercare dei contatti mirati? Significa indirizzare le
nostre ricerche in base alle nostre competenze, ai nostri
desideri, collezionando i riferimenti solo se in linea con
quello che vogliamo e sappiamo fare. Se abbiamo
competenze in macchine a controllo numerico
eviteremo di selezionare numeri e indirizzi di aziende di
import-export ma indirizzeremo la ricerca presso le
officine meccaniche. Lo stesso se non abbiamo
abbastanza competenze sulle lingue eviteremo aziende
votate all'export. Insomma, occorre avere un elenco di

aziende a disposizione che rispondano ai nostri obiettivi di carriera e alle nostre competenze, avremo più possibilità di avere successo.

Tra le caratteristiche da considerare nella scelta delle aziende dobbiamo considerare il settore (produzione, servizi), le dimensioni, la distanza da casa nostra. Con un po' di impegno possiamo anche riuscire a sapere qualcosa sullo stato di salute dell'azienda. Come? Leggendo giornali, cercando i nomi dei referenti aziendali e poi cercando notizie su di loro, leggendo eventuali interviste su giornali specializzati: cercando sul WEB possiamo capire diverse cose sull'azienda non solo sullo stato di salute ma anche sul clima interno all'azienda. Ad esempio aziende con un forte turn-over (aziende in cui c'è un forte e continuo ricambio di personale) devono far alzare l'attenzione perché potrebbe voler dire che il clima aziendale o le condizioni di lavoro non sono tra le migliori. Inoltre molte aziende pubblicano, all'interno del loro sito, la storia aziendale e una serie di informazioni utili a capire con quale azienda entreremo in relazione.

E' certamente un approccio faticoso; dovremo analizzare molte aziende e di queste cercare molte informazioni: numeri di telefono, e-mail, nominativi, fatturato, numero dei dipendenti. Come già detto cercare lavoro è un lavoro che deve essere svolto con impegno e serietà; il lato positivo è che stiamo lavorando per noi. E che il WEB, se e vero che sa molto di noi, allo stesso tempo fornisce molte indicazioni utili al nostro scopo su aziende e persone da contattare.

6.2 Ricerca aziende

Vediamo adesso come possiamo operativamente costruire il nostro elenco di riferimenti da utilizzare nella ricerca del lavoro. Verranno date alcune indicazioni generali; liberi di modificare e aggiornare gli elenchi aggiungendo ogni informazione che potrà essere importante per finalizzare al meglio la ricerca.

Se avete una specializzazione, potete effettuare una ricerca sul web utilizzando come parole chiave le vostre competenze, la tipologia di azienda, la città e ogni altra informazione utile a delimitare i risultati della ricerca. Quindi, ad esempio, potete cercare le falegnamerie, o le officine, e utilizzando la tecnica del copia e incolla[25] compilare un foglio excel[26] dove riporterete il nome dell'azienda, un telefono, un indirizzo primario, un indirizzo e-mail, uno o più nominativi con la funzione aziendale svolta. Aggiungerete una cella per indicare la data di primo contatto e la data dell'ultimo contatto, così potrete sapere quand'è che avete iniziato il rapporto con quella azienda e risalire all'ultima volta che avete chiamato.

---

25 Bisogna selezionare il testo, utilizzare i tasti CTRL+C per la copia, spostarsi sul documento, Word o Excel, e usare la combinazione CTRL+V per incollare il testo copiato

26 Suggerisco un foglio excel ma può andare benissimo un taccuino e una matita. L'importante è raccogliere le informazioni in un posto facilmente raggiungibile e consultabile ogni volta che ne avete l'esigenza.

Esistono molti siti che ci permettono di ottenere rapidamente queste informazioni, tra tutti vi segnalo le pagine gialle on-line[27], dove basta inserire la tipologia di azienda interessata ed una località per avere a disposizione decine di riferimenti.

Esistono altre strade per ottenere informazioni sulle aziende che vogliamo contattare. Tra questi segnalo:

1. Infoimprese
2. Misterimprese
3. Kompass
4. GuidaMonaci

Se un'azienda è per voi di interesse particolare potete fare una ricerca approfondita cercando direttamente il nome dell'azienda sul WEB e ricavare ulteriori informazioni dal sito, oppure rivolgervi a siti specializzati che concentrano attività produttive. Ne esistono molti, troppi per essere citati tutti; in generale basta una semplice ricerca e impratichirsi un po'. Con un po' di pazienza riuscirete in breve ad avere decine o centinaia di riferimenti e una volta completato il vostro foglio excel con dati e numeri di telefono potete passare all'azione. Assegnate una valutazione personale di interesse per ogni riga (azienda). Le aziende presso cui pensate di proporvi ma che non hanno per voi molto interesse, potete contattarle con una semplice e-mail mentre con le aziende di maggior interesse dovete vincere la vostra paura (sì, paura) e telefonare. Se avete cercato bene avrete anche un nome da contattare, quindi

---

27   https://www.paginegialle.it

potete chiedere del Sig. / Sig.ra X, altrimenti cercherete dell'ufficio personale, se si tratta di una grande azienda, o addirittura del titolare nel caso si tratti di una piccola / media azienda. Cercare direttamente di una persona vi permette anche di superare il filtro iniziale, e di arrivare al nominativo di interesse.

A puro titolo esemplificativo allego una proposta di un possibile schema excel per tenere traccia delle ricerche fatte ed averle organizzate in un unico foglio. Aggiungerete nomi, indirizzi, telefoni, mail, note personali e tutto quello che può servirvi per ricordare bene quello che avete fatto. Aggiungo che se avete uno smartphone potete condividere il vostro foglio su uno spazio Web come Dropbox[28] oppure Box[29], così potrete avere i vostri riferimenti sempre con voi, sia che siate in giro sia che siate in casa o ufficio. In generale i servizi citati offrono dieci Gbyte di spazio gratuito, più che sufficiente per i nostri scopi.

Esempio tabella excel: riporto i nomi delle colonne che possono essere importanti per pianificare il nostro lavoro e tenere sotto controllo l'avanzamento delle situazioni che stiamo predisponendo.

1. Azienda: il nome / ragione sociale dell'azienda.
2. Cognome: il cognome del riferimento che abbiamo individuato.
3. Nome: il nome del riferimento.
4. Fonte del contatto: dove abbiamo ricavato le informazioni relative all'azienda e al contatto.

---

28 https://www.dropbox.com/
29 https://www.box.com/it-it/home

Possiamo aver reperito le informazioni in una intervista letta su un giornale, da un amico, sul sito web dell'azienda, su un sito dedicato alle informazioni aziendali, sull'elenco cartaceo Kompass presente in un centro "informa giovani".

5. Richiesta inviata: metteremo una spunta per indicare che la nostra mail di richiesta contatto è effettivamente stata inviata.

6. Inviato curriculum-vitae: metteremo una spunta se abbiamo inviato il nostro CV.

7. Letto Mail: in alcuni casi possiamo inviare la nostra mail con la ricevuta di ritorno per verificare che l'indirizzo di posta sia corretto.

8. Risposta: una spunta per indicare che hanno risposto.

9. Telefonata: una spunta o una data per indicarew che abbiamo effettuato una telefonata al nostro riferimento, eventualmente una data per capire come sta procedendo la nostra ricerca.

10. Colloquio: data ed esito di un primo colloquio. In generale i colloqui sono più di uno.

11. Data ultimo invio: ci ricorda quando abbiamo inviato l'ultimo CV aggiornato. Se l'azienda è di nostro interesse, può essere una buona strategia rinnovare ogni tanto il nostro CV con lascusa che lo abbiamo aggiornato.

12. Data ultima telefonata di follow up: serve per capire da quanto tempo non sentiamo il nostro riferimento. Come per il punto precedente,

anche in caso di risposta negativa può essere
giustificata una telefonata per capire se
qualcosa è cambiato e si sono riaperti spazi che
prima non c'erano.
13. Note: qualunque annotazione interessante.

Potete aggiungere o togliere colonne, questo è solo
un possibile modello. Il consiglio è comunque di tenere
una traccia scritta: ci aiuta ed è di stimolo per verificare
quanto tempo dedichiamo alla ricerca di una
occupazione. Ci permette di controllare il nostro lavoro
e ci abitua a lavorare per obiettivi.

Infine bisogna ricordare che comunque, anche se
questo metodo può dare risultati migliori rispetto a tutte
le altre iniziative, la percentuale di successo rimane
ancora molto bassa (ricordate quanto già detto nel
capitolo 2). Il segreto è nella preparazione della
telefonata e nella ricerca delle informazioni corrette.

Non bisogna demoralizzarsi, il fallimento fa parte
della vita. D'altronde l'interesse a trovare qualcosa è
solo e tutto nostro. Affidare la nostra vita, il nostro
futuro, nelle mani di una agenzia non può e non deve
essere un alibi.

6.3 Il metodo proattivo

Abbiamo visto i principali canali di ricerca utilizzabili in modo passivo. E' la strada perseguita da molti, ma di scarsa soddisfazione, i motivi li abbiamo visti di volta in volta. Il metodo **proattivo** consiste nell'individuare meglio il nostro bersaglio ipotetico e lavorare su quello. Dobbiamo capire, per tornare all'esempio delle caramelle del capitolo precedente, quali gusti siamo in grado di fornire e a quali aziende / realtà possiamo offrile. Quindi useremo internet, la rete delle nostre conoscenze, i giornali, i siti specializzati, ma tutti con un unico obiettivo: arrivare il più vicino possibile al bersaglio. Dobbiamo lavorare per ottimizzare il nostro elenco, scegliendo con cura i settori in cui vogliamo indirizzare i nostri sforzi e/o le aree aziendali di nostro interesse.

Dopo aver annotato un certo numero di aziende e persone bisogna armarsi di pazienza ed iniziare a telefonare. Se avete trovato sul WEB il nome del responsabile della selezione o del titolare, potete chiedere direttamente di lui. La persona che vi risponde potrebbe chiedervi il motivo della telefonata, in generale le persone non amano essere disturbate sul lavoro, se non per motivi strettamente lavorativi, quindi chi vi risponde potrebbe dirvi che la persona che cercate non c'è, è in riunione / trasferta e così via. Le segretarie solitamente esercitano un certo filtro per evitare di passare troppe telefonate fastidiose, di conseguenza spesso la prima persona che dovete convincere è proprio lei, la segretaria. Preparatevi una serie di risposte credibili e di frasi che vi serviranno a superare le possibili obiezioni; per ogni obiezione è possibile trovare una contro-obiezione. Con un po' di pratica imparerete ad essere più sicuri nella presentazione di voi stessi e a superare la maggior parte dei filtri che le aziende opporranno tra voi e il vostro interlocutore. Non arrendetevi di fronte ai primi rifiuti e fallimenti, serviranno per fare esperienza, acquisire più sicurezza e riuscire a superare il filtro del centralino; ricordatevi che per imparare a camminare bisogna cadere e rialzarsi molte volte.

Anche l'artista più grande ha fatto molta pratica, non si dipinge "lo sposalizio della Vergine" (Raffaello) la prima volta che si prendono in mano i pennelli. Quindi occorre esercizio e senso critico. Un suggerimento: le prime telefonate andrebbero fatte verso quelle aziende e/o situazioni che ci interessano di meno e alla fine di ogni telefonata appunteremo le parti della nostra esposizione che sono state meno efficaci in modo da prepararci al meglio per le telefonate più importanti.

Annotate sul vostro foglio excel (o sul vostro taccuino) la data e l'ora in cui avete chiamato e l'esito della telefonata; se vi dicono di richiamare annotate la data e l'ora in cui dovere richiamare. Non demoralizzatevi alle prime chiusure e cercate di mantenere alta la motivazione. Le prime telefonate positive vi aiuteranno a credere in voi stessi e a perfezionare lo schema delle chiamate. E' probabile che l'azienda non stia cercando nessuno, la segretaria vi dirà spesso che il responsabile / titolare non c'è, che hanno appena assunto una persona e così via. Dopo un certo numero di tentativi alla fine riuscirete ad avere un colloquio, a parlare con qualcuno che vi ascolta, a mandare un CV mirato ad una azienda che è alla ricerca di personale.

Non bisognerebbe nemmeno dirlo ma mettetevi in un posto silenzioso e fate in modo da sentirvi tranquilli, la tensione si percepisce anche dall'altra parte del telefono; se nel corso della giornata avete avuto dei seri contrattempi, o se semplicemente non vi sentite dell'umore giusto, passate la giornata a completare gli elenchi e rimandate le telefonate ad un momento migliore in cui vi sentite rilassati e motivati. Attenzione però a non prendere la scusa come abitudine e a rimandare le telefonate all'infinito.

Preparate con cura quello che dovete dire, abbiate cura di presentarvi al meglio: scrivete un testo di presentazione, rileggetelo ad alta voce, provatelo più volte. Torniamo un attimo ai capitoli precedenti: avete fatto una onesta disamina delle vostre competenze? Avete chiarito a voi stessi quali sono i vostri obiettivi di carriera? Questi sono i punti da utilizzare nelle telefonate che andrete a fare.

Può aiutare una semplice scaletta di presentazione:
- innanzitutto parlate lentamente scandendo bene le parole;
- dite chi siete, scandendo bene il nome ed il cognome ed eventualmente ripetetelo. Ricordate come si presentava il famoso

agente segreto: My name is Bond, James Bond;

- dite chiaramente chi cercate, se siete riusciti a procurarvi un nominativo fate quel nome;
- se il nominativo ricercato non lavora più in azienda chiedete con chi potete parlare in alternativa;
- chiedete quando potete richiamare;
- quando riuscite a parlare col referente desiderato siate espliciti sul motivo della telefonata: meglio depennare subito un possibile contatto che potrebbe far perdere del tempo a voi e all'altra persona.

Le cose cambiano, e le esigenze possono manifestarsi nel tempo. Un'azienda può non avere una determinata esigenza oggi, ma potrebbe averla in futuro, per cui chiamare a distanza di tre/sei mesi è un'opzione da considerare, in particolare se vi avevano fatto capire che potevano esserci delle possibilità.

Anche se all'inizio la cosa potrà sembrare difficile dovete vincere le resistenze e i timori; state cercando lavoro, dovete imporre a voi stessi di non essere timidi e di continuare ad insistere. Al secondo giorno di telefonate avrete già preso un po' di confidenza con il telefono e con le principali obiezioni che vi impediranno di raggiungere il vostro obiettivo. Non otterrete grandi risultati subito, la maggior parte delle telefonate si riveleranno inutili, ma avrete comunque più risultati con questa metodologia che spedendo CV a casaccio via mail o passando il vostro tempo presso le agenzie interinali. Per quanto mi riguarda sono convinto che questo sia di gran lunga uno dei metodi più efficaci; il metodo più efficace rimane, a mio parere, quello degli amici e dei conoscenti che sono i soli che possono indirizzarvi a colpo sicuro dove c'è una reale esigenza, dirvi chi chiamare e fare una telefonata di preavviso annunciandovi.

Alcuni avvertimenti importanti:

- preparatevi bene il discorso da fare, nessun giro di parole: avete poco tempo a disposizione per fare breccia (in generale 30") e non dovete sprecare tempo ne sembrare inconcludenti;
- fissate bene i due / tre punti qualificanti. Non dovete raccontare la vostra vita in cinque minuti. Dare troppe informazioni è controproducente: alla persona dall'altra parte del telefono potrebbe restare in mente una qualità marginale che interessa poco. Puntate chiaramente su poche cose per avere la certezza che siano quelle che il vostro interlocutore ricorderà riagganciando la cornetta;
- usate un tono di voce pacato, che esprima tranquillità e serenità;
- abituatevi a parlare lentamente e a scandire bene le parole. Non abbiate

paura di far perdere del tempo. Se parlate troppo velocemente chi vi ascolta potrebbe non capire quello che state dicendo e potrebbe riattaccare senza darvi il tempo di spiegare il motivo della vostra chiamata;

- registrate la vostra telefonata e poi riascoltatevi. E' un ottimo esercizio per correggersi da soli.

7 Ricerca oltre i 40 anni

Non è la stessa cosa cercare il primo impiego o cercare una ricollocazione quando si è già in età matura. Le strategie di ricerca possono essere estremamente differenti e gli approcci vanno pensati con maggior attenzione. In questo caso fare un'attenta disamina delle proprie capacità diventa fondamentale per presentarsi al meglio. Oltre all'elenco già preparato per le aziende, conviene fare anche un elenco di amici, conoscenti, ex-colleghi con numeri di telefono e annotazioni. E logicamente un elenco delle aziende che possono interessarvi e alle quali voi potete interessare. Dovrete mettere in conto l'idea di muovervi, di spostarvi per lavoro. Se non potete muovervi, la vostra ricerca risulterà, per forza di cose, molto limitata e se vivete in una zona dove l'economia langue le speranze di poter trovare lavoro potrebbero ridursi notevolmente. Dipende molto da voi, da quanto è forte la motivazione alla ricerca e da quanto è forte la motivazione a non allontanarsi troppo. Certamente incidono le situazioni familiari: da questo punto di vista le donne, soprattutto se hanno il carico della famiglia, sono certamente più svantaggiate.

Ci possono essere ottime ragioni per non muoversi: figli e genitori anziani su tutte, situazioni che possono limitare le nostre possibilità di ricerca in un perimetro più ampio. E' vero che con gli strumenti attuali è spesso possibile lavorare da casa ma le aziende non sono preparate né dal punto di vista tecnologico né da quello culturale, anche se la tecnologia attuale e il WEB permettono senza grandi investimenti di poter svolgere molti compiti da casa. Da anni si parla di telelavoro, ma è ancora limitato a piccoli ambiti e poche professioni; rimane tuttavia un'opzione da poter perseguire.

Quindi se siete nel mezzo della vostra carriera avete due possibilità: proseguire o cambiare del tutto. Se proseguite il vostro valore di mercato (brutto a dirsi, ma è proprio questo che cercano le aziende) sarà, o dovrebbe, essere sempre più riconosciuto. Se invece volete (o dovete) cambiare totalmente la tipologia del vostro lavoro, questo può significare dover ricercare posizioni simili a quella ricoperta ma non esattamente la stessa. In un mondo di grandi cambiamenti potrebbe anche succedere che il vostro lavoro si contragga e che figure come la vostra non siano più ricercate e quindi dovrete cambiare del tutto le vostre aspettative.

Esistono libri, racconti e storie su questi cambiamenti improvvisi. Bisogna avere coraggio, motivazioni molto forti, voglia di mettersi in gioco, non spaventarsi degli imprevisti e anche di perdere qualcosa: bisogna lasciare la propria zona di comfort e avventurarsi in territori inesplorati. Tra i casi più famosi cito quello di Marco Nannini che ha lasciato un comodo lavoro in banca per girare il mondo in barca a vela e mantenersi in questo modo e Simone Perotti, manager

importante che ha raccontato la sua storia in un libro[30].
In particolare Simone Perotti è stato il primo a parlare,
almeno in Italia, di *downshifting*, ossia della capacità (e
del coraggio) di rallentare la propria vita per poter
dedicare il tempo alle cose che amiamo di più.

---

30 Simone Perotti, Adesso Basta, ed. Chiarelettere 2009

7.1 Sono troppo vecchio per lavorare?

Quando si diventa vecchi per il lavoro? Quando in rapporto all'età abbiamo meno competenze della media degli altri. Questo ci riporta a quanto già detto prima:formazione ed auto formazione sono indispensabili tanto più in un mondo ipercompetitivo. L'età di per sé non rappresenta un limite, anche se spesso, bisogna ammetterlo, genera non poche apprensioni nei selezionatori, a volte con delle ragioni oggettive. E' innegabile che con l'età si perda smalto e velocità, ma la maggior propensione alla riflessione e ad una maggior capacità di analisi dovrebbe essere la naturale conseguenza dell'esperienza accumulata negli anni. Per questo motivo l'età, o meglio la seniority, dovrebbe essere apprezzata di più e tenuta in maggior considerazione. Per le aziende, poi potrebbe essere un ottima scelta: avere a disposizione una esperienza notevole ad un prezzo "scontato" per far crescere le persone più promettenti all'interno. Se il vincolo dell'età fosse stato applicato con la stessa rigidità attuale anche nelle epoche passate, probabilmente avremo perso delle più grandi opere dell'ingegno umano. Segnalo solo alcuni personaggi che hanno raggiunto grandi risultati, anche se a noi basta dare dei risultati normali, non da fuoriclasse.

- Beethoveen - Nona sinfonia (a 54 anni)

- Michelangelo – Cappella Sistina -Giudizio Universale (60 anni)

- Bach . L'arte della fuga (a partire dai 55 anni)

- Kant – Critica della Ragion Pura (54)

- Gauss, genio precocissimo e uno dei più grandi geni dell'umanità, che risolse un problema di geometria sui poligoni regolari a cui l'umanità pensava da secoli a soli 19 anni, ha dato importanti contributi all'elettromagnetismo ad oltre cinquant'anni

- Marchionne AD Fiat (52)

Potete divertirvi a guardare le vite dei grandi personaggi e scoprire che non è raro che i risultati migliori siano ottenuti nella maturità, in ogni campo, dalla politica alla scienza. Con l'eccezione dello sport, dove comunque per i grandi risultati bisogna avere comunque una certa maturità in rapporto alla finestra di attività utile per la disciplina praticata. Aziende che hanno puntato sulla seniority sono rimaste incredibilmente soddisfatte. Dipende da noi enfatizzare i punti di forza dell'esperienza.

7.2 Ricerca dopo un licenziamento

Se è proprio di un nuovo lavoro che avete bisogno, perché la vostra azienda ha chiuso, "de localizzato", è stata venduta, è in un ciclo negativo per l'economia allora dovete cambiare approccio. Avete bisogno di un lavoro qualsiasi, subito, anche se sottopagato e demansionato, perché avete bisogno di monetizzare comunque qualcosa, perché restando in casa a rimuginare a quanto siete sfortunati non vi aiuterà nella ricerca e le poche occasioni che potrebbero capitarvi riuscirete a non sfruttarle a dovere: il vostro interlocutore vi vedrà talmente depressi al colloquio che difficilmente avrà voglia di darvi una opportunità. Avrete certamente molte più chances se sarà qualcuno a parlare di voi, perché riuscirà a mettere in risalto i vostri aspetti positivi e a spiegare il motivo del vostro stato attuale. Quindi dovrete cercare degli amici "sponsor" che potranno aiutarvi meglio di quanto non riuscireste a fare da soli.

Bisogna anche considerare che se avete già un lavoro avete più forza contrattuale, cosa che non solo vi renderà più tranquilli ad un colloquio, ma che vi permetterà di dire di no a situazioni poco chiare, sottopagate o ambienti di lavoro degradati. Più passa il tempo e più si perdono i contatti con il mondo produttivo, le occasioni si riducono, il morale crolla. La fiducia nelle proprie capacità è il primo punto su cui intervenire: come riacquistare la fiducia in se stessi? In due modi: dedicandosi ad attività, anche piccole, che ci daranno fiducia mentre progrediamo o realizziamo cose

pratiche (piccole riparazioni casalinghe, ad esempio); la
seconda ripensando a quello che lavorativamente
abbiamo fatto, enfatizzando i risultati ottenuti, come
mostrato al capitolo 3.

Sul fronte della ricerca del lavoro dovete sbrigarvi,
essere molto rapidi, mettere in giro la voce il più
velocemente possibile. Dedicatevi anima e corpo alla
ricerca. Se siete molto qualificati potete optare per una
doppia strategia cercare una ricollocazione qualificata,
mettendo in atto tutte le strategie esaminate, ma
contestualmente cercare un lavoro qualsiasi,
"demansionato", scrivendo un CV diverso, molto più
leggero, in cui potete arrivare anche ad omettere il titolo
di studio (che non vi servirà per mansioni più umili) e
cercando di tenere in generale un basso profilo. Il CV in
questo caso può anche essere una semplice lettera di
presentazione, in cui fornite i motivi della ricerca, la
posizione per cui vi candidate ed una brevissima
descrizione anagrafica.

Cadere e rialzarsi fa parte della vita, non c'è nulla
di cui vergognarsi e anzi può capitare diverse volte nel
corso della nostra esperienza; ci sono molti esempi di
persone che hanno dovuto confrontarsi con situazioni
inaspettate in cui hanno perso tutte le loro sicurezze.
Non è mai piacevole dover ridurre il tenore di vita e
rinunciare alle comodità a cui siamo abituati, ma anche
questo è un modo per crescere.

Per quanto riguarda la presentazione ad un
selezionatore, in generale non sono propenso a

raccontare bugie, vengono scoperte in fretta soprattutto se avete davanti un selezionatore professionale e la vostra situazione è piuttosto traballante. Meglio affrontare con serenità i lati oscuri della vostra vita professionale, ammettere i propri limiti e i propri errori. La cosa migliore sarebbe riuscire ad omettere quella parte della nostra esperienza che è poco esaltante: per fare questo bisogna esercitarsi a raccontare lo stretto indispensabile riguardo alle domande che vengono fatte, o alle richieste scritte, cercando di non stimolare curiosità su quegli aspetti che invece non vogliamo evidenziare.

Per la ricerca abbiamo già visto cosa fare nel capitolo 6, in aggiunta bisogna verificare eventuali sussidi che potete ottenere (può essere d'aiuto un sindacato o un ente), agevolazioni di varia natura (bonus energia, libri per lo studio, affitti agevolati), in questo caso potete rivolgervi al vostro comune di residenza cercando uffici preposto e chiedendo di parlare con il Sindaco o un assessore. Non aspettatevi molto però: su dieci persone ricevute probabilmente quattro cercano lavoro, quattro cercano casa e una cerca tutte e due le cose, solo la decima, probabilmente, avrà un problema non legato al lavoro o alla casa.

Se sapete fare qualcosa di pratico, cercate di offrire i vostri servizi o le vostre consulenze (dal riparare un rubinetto all'aiuto per la compilazione di un documento fiscale). E dedicate del tempo a tutte quelle cose che avevate abbandonato quando lavoravate a tempo pieno.

74

Un consiglio importante: fate bene attenzione a quello che vi viene offerto. Quando si ha una certa urgenza di lavorare si è più propensi a farsi entusiasmare da proposte che di solito non prendereste in considerazione. Quindi evitate tutte le proposte di multi-level marketing, di agente procacciatore dove voi ci mettete la faccia, il vostro portafoglio contatti, la fatica e le spese (che spesso con varie scuse non vengono rimborsate) e alla vostra azienda restano i guadagni. Ho partecipato, per curiosità, ad alcune di queste "convention" e hanno tutte una rappresentazione simile, che serve a farvi maturare la decisione di voler partecipare ad un business imperdibile (non per voi, sicuro). Vengono usate tecniche di ingegneria sociale ben sperimentate il cui scopo è quello di convincere i nuovi adepti. In una di queste convention ho aspettato fino alla fine per capire i prodotti e/o i servizi che venivano offerti. Alla fine ho capito che non ne parlavano semplicemente perché non c'era nulla da vendere, l'obiettivo era solo quello di raccogliere le quote tra i nuovi adepti.

Cercando sul WEB troverete probabilmente decine di articoli sul MLM[31] "sano", quello di cui ci si può fidare. Io rimango dell'opinione l'MLM sia progettato per consentire lauti guadagni solo a coloro che occupano i vertici dell'organizzazione e che per poter continuare a prosperare hanno sempre bisogno di nuovi adepti da reclutare. E' un argomento complesso che

---

31   Multi Level Marketing

richiederebbe molte pagine di spiegazione cosa che non è nelle intenzioni di questo scritto.

7.3 Regole pratiche

Una breve panoramica delle cose che potrebbero esservi di aiuto:

- cercate ogni giorno un motivo per sorridere; certo è difficile ma lo dovete innanzitutto a voi stessi.

- evitate situazioni lavorative che possono farvi perdere tempo e denaro. Meglio stare a casa a cercare ancora piuttosto che abbandonare la ricerca di una occupazione per inseguire situazioni senza sbocco.

- evitate di farvi coinvolgere in lavori dai (presunti) facili guadagni (tipo MLM – Multi Level Marketing).

- cercate nelle vostre agende, anche quelle vecchie di anni, tutti gli amici e conoscenti e chiamateli. Cercate di avere sempre un atteggiamento positivo, la negatività allontana, in genere, le persone.

- rivolgetevi alle strutture pubbliche, anche se difficilmente potranno essere di vero aiuto. Nelle grandi città spesso vengono organizzati corsi, percorsi di accompagnamento, corsi di riqualificazione, di lingue, ceramica, etc. Sono attività che vi permetteranno di aumentare le vostre competenze, di conoscere nuove persone. L'aspetto più importante è che queste attività extra aumenteranno la vostra fiducia.

- allontanate da voi le persone negative. E' un principio sempre valido, ma soprattutto quando le cose vanno male.

- parlate con gli amici più vicini a voi e con i vostri famigliari. Parlare dei propri problemi a qualcuno non solo aiuta psicologicamente a "scaricarsi", ma spesso succede che mentre state raccontando e chiarendo agli altri le cose le state chiarendo anche a voi stessi;

- potete anche accettare lavori sottopagati[32] tenendo in considerazione che:

> 1) per quanto poco, monetizzate comunque qualcosa;

> 2) vi toglierete da casa, dai pensieri cupi e dalla depressione;

> 3) vi aiuterà a conoscere altre persone, alle quali eventualmente, potrete rivolgervi per un aiuto;

> 4) nel caso riusciste ad ottenere un colloquio per un lavoro più importante non vi presenterete come dei disperati all'ultima possibilità.

---

32 Intendo dire lavori pagati poco, ma non lavori in cui alla fine il saldo sia negativo. Lascio a voi le ulteriori considerazioni.

8 Mettersi in proprio

E' una opzione possibile e può essere molto interessante e di grande soddisfazione soprattutto dal punto di vista personale. Sul piano economico i risultati possono però non essere immediati, infatti di solito hanno bisogno di un po' di tempo per manifestarsi. Il commercio, quello rappresentato dai negozi, è in crisi da tempo. Anche i grandi centri commerciali stanno soffrendo e presentano numeri in calo, benché ancora in attivo. Le cause sono molteplici: aumento del numero dei centri commerciali, aumento significativo delle vendite on-line, riduzione della capacità di spesa delle persone, incertezza sul futuro. Con queste premesse aprire un'attività in proprio è un vero e proprio atto di eroismo. In attesa che Amazon decida di aprire immensi capannoni con personale al lavoro h24 per cambiare cerniere, fare orli, tacchi, riparare cellulari, lavare e stirare camice con consegna in 24h, c'è ancora qualche speranza in quelle attività che oggi sono meno frequenti di un tempo e che potrebbero darvi anche delle soddisfazioni. Prima di innamorarvi di un'idea informatevi attentamente, verificate la presenza di attività simili sul territorio, consultatevi con un commercialista. o con un consulente del lavoro, un assessore alle attività economiche; insomma prima di investire gli ultimi soldi, magari quelli della precedente liquidazione, fate bene attenzione all'attività che avete intenzione di intraprendere. E pensate che lavorare in proprio spesso vuol dire rinunciare a sabati, domeniche, avere flussi di denaro discontinui, tutte cose alle quali dovete essere preparati.

Preparate un business plan (piano di dettaglio della vostra idea di attività), cercando di identificare correttamente i costi previsti, facendo diverse ipotesi di ricavo, e facendo anche molta attenzione ai ricavi "cessanti", cioè a quei ricavi su cui non potrete più contare perché, ad esempio, vi siete licenziati.

Infine esistono diversi fondi, provinciali, comunali e fondi europei, a cui accedere per aprire una attività economica; per accedere a tali fondi è possibile rivolgersi alle strutture pubbliche, enti specializzati nella ricerca di fondi, associazioni di categoria (ASCOM, CNA, etc.) e trovare riferimenti sul WEB. I fondi sono spesso legati a dei piani e degli obiettivi (es. occupazione giovanile, femminile, disoccupati, etc.) tuttavia potrebbe verificarsi il caso che in questo momento non ci sia nessun bando attivo.

Elaborate un'idea intorno alle vostre passioni e/o alle vostre competenze, cercate di prevedere attentamente il costo di questa operazione, valutate attentamente il luogo in cui vi trovate (per certe tipologie di attività serve un bacino di utenza abbastanza importante). Infine valutate che ormai, con le attuali tecnologie è possibile lavorare da remoto per distribuire i propri prodotti in tutto il mondo. Se costruite bastoncini per rabdomanti, con un investimento abbastanza contenuto di marketing sul WEB rischiate di avere ordini anche dall'Alaska[33].

---

33 Ho fatto volutamente un esempio limite. Non volevo che un altro suggerimento scatenasse nei lettori la voglia di pensare a qualcosa di vagamente realizzabile.

9 La presentazione

Finalmente ci siamo. Dovete scrivere il vostro CV. Che cosa dire, cosa mettere sul CV? Se siete al primo impiego non avete (quasi) nulla da raccontare, se avete più di quarant'anni e avete fatto molte esperienze interessanti rischiate di scrivere un romanzo o in alternativa di dover tralasciare molte delle esperienze che avete fatto. Il rischio è che vi cerchino proprio per quella cosa che avete omesso di raccontare (i selezionatori non hanno, in genere, il tempo di leggere tra le righe); per questo motivo non sono molto favorevole all'invio di un CV soprattutto nel caso in cui la professionalità sia molto elevata e tuttavia questo è il documento principale di presentazione, bisogna farlo e farlo bene, non dimenticando che esistono strumenti alternativi per presentarsi: fare un video CV, una presentazione, costruirsi un sito o un blog, etc. Le opportunità non mancano e le vedremo brevemente in seguito.

Una raccomandazione, fate attenzione alla forma. L'italiano, le basi della grammatica, i verbi. Non impelagatevi in periodi lunghi e complessi, meglio frasi brevi e concise: soggetto, verbo, complemento, punto. Quando una frase vi sembra troppo lunga e il senso rischia di perdersi suddividetela in due più brevi. Evitate i riferimenti personali (quella volta che avete aiutato vostra zia), e le contraddizioni evidenti. Se dite di avere amore per la sintesi non scrivete dieci pagine, se dite di essere precisi attenzione alle imprecisioni, e così via.

Se avete raggiunto dei risultati enumerabili citateli all'interno del vostro CV: ho gestito 5 persone, un ufficio di rappresentanza, una squadra di lavoro di tot. persone, ho incrementato il numero dei clienti da x a y in 2 anni, etc.

Bisogna ricordare una delle regole della buona comunicazione: in generale più si dice e meno si dice. Spesso pensiamo di scrivere ancora due frasi per spiegare meglio quello che vogliamo dire e il risultato che otteniamo invece è quello di indebolire il significato. Per questo motivo mantenere un CV nell'ambito delle 3 o 4 pagine al massimo è un'ottima cosa.

9.1 Il Curriculum Vitae

Il CV classico si compone di tre elementi chiave: una lettera di introduzione e/o di motivazione, i dati anagrafici e riepilogativi, la descrizione di quello che abbiamo fatto. Si consiglia, in genere, di non superare le tre pagine ma dipende molto dalla tipologia di contatto che state provando. A volte può bastare solo la lettera di presentazione, altre invece si può mandare un CV anche di 10/12 pagine (evento raro, ma capita che venga richiesto o che in alcuni casi debba essere mandato). Altra considerazione di ordine generale: se e quando potete citate sempre esattamente i dati in vostro possesso: dire ho gestito un gruppo di lavoro di 15 persone è meglio che enunciare genericamente ho gestito molte persone; aver portato nuovi clienti per 650.000€ è meglio che dire ho acquisito numerosi clienti nuovi.

L'errore più comune è quello di avere un solo CV e di spedire sempre e solo quello; andrebbe invece differenziato secondo le differenti tipologie di lavoro. Se avete poca esperienza e siete all'inizio della carriera lavorativa, invece, un CV standard può essere più che sufficiente.

Se non richiesta direttamente dal selezionatore non mettete la foto. Se dovete mettere una foto, evitate foto in costume da bagno o prese ad una festa. La foto deve mostrare una immagine pulita che renda bene l'idea che siete persone affidabili. Un bel sorriso e uno sguardo vivace contano di più dell'abito che indossate.

9.1.1 Lettera di presentazione

La lettera di presentazione dovete scriverla e poi forse potete ometterla o usare solo questa, dipende dalle occasioni.

La lettera di presentazione o di motivazione deve contenere quelle informazioni extra che nel CV non siete riusciti ad inserire. Perché avete scelto proprio quella azienda e perché pensate di essere la persona giusta, cosa potrebbe fare di voi il candidato migliore e magari come l'azienda, assumendo voi, potrebbe risolvere un suo problema.

Potete anche indicare alcune qualità che non avete indicato all'interno del CV, o alcuni riconoscimenti che avete ottenuto. Personalmente eviterei di citare il premio che avete vinto ad una gara di tequila bum bum o l'elezione a miss officina, poi fate voi.

L'idea è di avere una lettera di presentazione in cui mostrate alcuni punti forti che poi andrete a personalizzare o enfatizzare quando rispondete ad una ricerca specifica.

Dimenticavo, vietato raccontare balle: anche se riusciste ad ingannare il selezionatore (cosa di cui dubito) verrete scoperti dopo poco e in generale il periodo di prova serve proprio a questo, a smascherare eventuali lacune omesse nel CV.

9.1.2 Redazione del CV – esperienze professionali

All'interno del CV avrete una prima parte in cui di solito si riassume l'anagrafica: nome, cognome, indirizzo, recapiti, situazione famigliare, studi, corsi, lingue e tutto quello che può qualificare il candidato. Eventuali corsi extra scolastici, attestati che avete acquisito, esperienze all'estero, hobby e passioni.

Nella seconda parte descriverete le vostre esperienze. Potete scegliere l'ordine cronologico o l'ordine funzionale. Nell'ordine cronologico i compiti e le funzioni svolte verranno illustrate evidenziando il periodo (meglio se data inizio / fine) e quali sono state le mansioni svolte, i risultati ottenuti, i miglioramenti apportati. Se invece seguite l'ordine funzionale racconterete gli incarichi ricoperti seguendo possibilmente un ordine omogeneo sulla base delle posizioni funzionali occupate.

In fondo alla parte descrittiva possiamo aggiungere una parte dedicata alle soft skill[34], che riguardano l'approccio ai problemi, la capacità di intrattenere buone relazioni con gli altri, la capacità di resistere allo stress. Sul WEB ci sono molti esempi di CV, tra cui quelli redatti secondo lo "standard europeo". Non sono convinto che faccia la differenza un modello piuttosto che un altro; quello che è certo è che il CV deve essere chiaro e leggibile, le informazioni devono essere esposte con chiarezza per dare modo a chi legge di capire subito chi ha di fronte.

9.1.3 CV Originali

E' possibile, una volta finito il lavoro di redazione, progettare un CV personalizzato. E' una attività che va pensata per ultima, perché l'attenzione va posta soprattutto al contenuto, a quello che bisogna mettere in evidenza delle nostre capacità. La forma può essere pensata dopo e solo per alcune tipologie di lavoro, non la consiglierei come formula valida per ogni situazione.

Tra le possibilità offerte dal Web una delle migliori al momento è Canva che si può raggiungere con il link seguente:

---

34   https://www.almalaurea.it/info/aiuto/lau/manuale/soft-skill

https://www.canva.com/it_it/creare/curriculum-vitae/

Canva è uno strumento che permette di modificare foto e filmati, offre molte possibilità di personalizzazione ed è relativamente facile da imparare. Personalmente apprezzo molto Openshot[35], che è uno strumento di video-editing opensource, abbastanza facile da imparare ad utilizzare e che consente risultati professionali. Ho citato questi strumenti perché se avete una certa vena artistica potete pensare ad un video-cv, che certamente passerà meno inosservato di un normale cv cartaceo.

Se avete un profilo Linkedin, in cui avete aggiornato correttamente tutte le vostre informazioni, è possibile ricavare un CV utilizzando strumenti interessanti come VisualCV[36] o DoYouBuzz[37]. Esistono molti strumenti e queste sono solo alcune indicazioni che servono a rendere l'idea che è possibile fare qualcosa di diverso.

Infine segnalo ancora VisualizeMe[38] che permette di riepilogare tutti l proprio percorso (scolastico e professionale) in un formato davvero diverso e

---

35   https://www.openshot.org/it/
36   https://www.visualcv.com/linkedin-resume-builder/
37   https://www.doyoubuzz.com/us/
38   http://vizualize.me/

accattivante. Occorre sempre partire da Linkedin, ma potete anche semplicemente registrarvi e inserire le informazioni desiderate.

Con gli attuali dispositivi è anche possibile fare un CV Video. In questo caso una sola raccomandazione: cercate di fare qualcosa di professionale, non improvvisate. Non partite solo con una idea, ma scrivete un vero e proprio copione, scrivete un testo di presentazione e cercate poi di ricavarne una vera e propria sceneggiatura; quando fate le registrazioni fate attenzione allo sfondo (evitate di registrare in una stanza in disordine), alla luce (si la luce è molto importante) o comperate un set di luci (si trovano a pochi euro sul Web). Se il risultato del vostro video è approssimativo il risultato sarà quello di dare ancora una volta l'idea di persone poco attente, e l'effetto voluto sarà il contrario delle nostre aspettative. In questo caso meglio il vecchio tradizionale CV cartaceo.

Come cercare lavoro

10 Il colloquio

Diverse società di selezione fanno dei pre-colloqui via skype o con strumenti simili. In genere viene concordato un orario e una data, ma può anche essere un semplice colloquio telefonico. In entrambi i casi cercate di essere seduti in una posizione comoda e lontano da fonti di disturbo. Se siete in casa impedite agli altri componenti della famiglia di fare ogni rumore che potrebbe distrarvi. Se utilizzate skype oltre a fare una prova della comunicazione con un amico, preferibilmente il giorno prima per verificare se tutto funziona correttamente, cercate una angolazione illuminata e che non rifletta l'eventuale disordine casalingo, vestitevi come se doveste uscire e mettetevi comodi. In ogni caso sorridete: anche se si tratta di un semplice colloquio telefonico il vostro interlocutore percepirà la vostra disposizione e ne ricaverà un'idea migliore.

10.1 La selezione in azienda

Se invece siete arrivati al colloquio di persona (vis-à-vis) vuol dire che siete al punto in cui l'azienda sta vagliando alcune candidature per arrivare alla scelta finale. Presentarsi ordinati e puntuali sembrerebbe scontato, eppure ho visto persone presentarsi nei modi più improponibili. Se siete trasandati comunicate al vostro interlocutore una disposizione personale al disordine che non si coniuga con l'esigenza organizzativa di una azienda. Non si dice di presentarsi in abito o tailleur, ma una camicia pulita e stirata, un paio di pantaloni senza macchie, una doccia e i capelli puliti sono il minimo editale che viene notato subito. L'abito non fa il monaco, ma la mancanza totale di abito dicono molto su di voi al punto da far pendere l'ago della bilancia su di un altro candidato.

Quando vi sedete cercate di trattenere l'emozione, se avete le mani sudate tenete un fazzoletto in tasca e asciugatevi le mani prima di stringerle ai vostri interlocutori. Da seduti evitate di tenere le braccia conserte, che denota un atteggiamento di chiusura, ed ogni altro atteggiamento che possa richiamare ad aspetti caratteriali introversi; cercate di guardare negli occhi chi vi parla, parlate lentamente (ma non troppo) per far capire bene quello che dovete dire, evitate di far correre lo sguardo in giro per l'ufficio come se voleste curiosare, evitate i commenti su quadri e soprammobili e soprattutto evitate commenti non richiesti.

Preparatevi un discorso introduttivo di due / tre minuti per introdurre voi stessi, limitando all'indispensabile, quello che volete comunicare, e cercate di comunicarlo bene; esercitatevi a casa e provate il vostro discorso varie volte. Davanti al selezionatore ascoltate attentamente le domande che vi verranno poste e rispondete puntualmente, senza aggiungere troppe considerazioni o ridondanze: se vi chiedono come vi chiamate rispondete col vostro nome, non con la storia del casato dal medioevo ad oggi.

Preparatevi anche sulle domande difficili che potrebbero farvi (es. come mai se ne è andato da quella azienda mentre ricopriva un ruolo così importante?). Non parlate di problemi lavorativi perché il vostro selezionatore potrebbe pensare che non sapete gestire i conflitti, che il problema potrebbe dipendere da voi e/o dal vostro approccio. Quindi vietato parlare male dei propri capi, dell'azienda per cui lavorate e dei colleghi: non devono essere questi i motivi espliciti per cui state cercando una nuova occupazione.

Preparatevi a raccontare bene un vostro successo lavorativo ed un vostro insuccesso. Chi lavora inevitabilmente commette degli errori, non bisogna vergognarsene. Raccontate un vostro insuccesso mostrando come avete reagito, cosa avete fatto per superare i momenti critici, come avete reagito di fronte al vostro insuccesso con i colleghi e con i superiori. In generale non interrompete i vostri interlocutori mentre vi presentano la posizione ricercata. Infine preparatevi alcune domande da fare al vostro interlocutore: questo è il momento giusto.

10.2 Fase conclusiva

A conclusione del colloquio in genere il selezionatore chiede al candidato se ha delle domande o delle curiosità. E' bene sfruttare al meglio questo momento, preparandosi con cura le domande che potete / dovete fare. A scopo didattico riporto alcune delle domande che sarebbe possibile a consigliabile fare alla fine. Non vanno fatte tutte, altrimenti diventa un interrogatorio, ma vanno scelte in base al tipo di posizione per cui vi candidate e in base alla vostra disposizione personale. Una raccomandazione: vietato tirare fuori un foglietto con gli appunti; è un pessimo segnale sotto molti punti di vista. Piuttosto ripassate mentalmente le domande e scegliete quelle che più vi interessano; concentrate la vostra attenzione su quelle domande che vi riguardano o che vi interessano di più.

Esempi di domande a fine colloquio:

1. Ho risposto in modo esauriente a tutte le domande?
2. Avete qualche dubbio riguardo alle mie qualifiche professionali?
3. Perché avete chiamato me? Quali sono le caratteristiche che vi hanno maggiormente colpito?
4. Quali sono le sfide principali legate a questa posizione?
5. Quante persone lavoreranno direttamente con me? Con quali responsabilità?

6. Come si posiziona l'area di interesse rispetto alla azienda?
7. Com è l'atmosfera del team? Collaborativa? Esistono elementi di preoccupazione (sia personali che economici)? E' stata fatta di recente una indagine sul clima aziendale?
8. Qual é lo stile di management che vi aspettate e che viene maggiormente usato in azienda?
9. Quali sono gli aspetti qualificanti di questa azienda?
10. Quali sono gli aspetti caratteriali che non vi piace vedere nei dipendenti?
11. Quali sono le sfide attuali alle quali deve rispondere l'azienda?
12. Quali obiettivi ha l'azienda nel medio e nel lungo periodo?

10.3 L'accordo economico

Alla conclusione del colloquio l'azienda potrebbero chiedervi qual è la vostra richiesta economica. Le considerazioni da fare sono diverse. Questo è il momento in cui potete fare delle richieste, una volta assunti diventerà difficile poter ricontrattare il proprio stipendio. Tuttavia una richiesta troppo alta rischia di mettervi all'angolo e di spostare l'interesse verso un altro candidato, d'altra parte una richiesta troppo bassa può generare una legittima diffidenza (perché una persona così brava e preparata si accontenta di così poco?).

Potete trovare un aiuto cercando sul WEB il salario medio per la vostra posizione e comunque potete partire dal vostro attuale livello retributivo. Sul WEB, inoltre, esistono diverse tabelle di conversione per il valore degli stipendi, che riportano il lordo annuo (RAL) il lordo e netto mensile e l'equivalente nel caso vi proponessero una attività a partita IVA. Non allego nessun Link in questo caso perché le informazioni possono non essere aggiornate al momento in cui vi servono.

Siamo arrivati alla fine, adesso non resta che mettere in pratica tutti i suggerimenti; a me resta solo da augurarvi buona fortuna.

Riferimenti

Alcuni riferimenti sono stati evidenziati nel corso della scrittura. Qui un breve riepilogo non esaustivo di tutte le possibilità offerte dal WEB

Sul tema del lavoro in generale:

https://www.lavoro.gov.it/temi-e-priorita/
orientamento-e-formazione/focus-on/Formazione/
Pagine/formazione-permanente.aspx

Siti per la ricerca degli annunci

https://trovolavoro.corriere.it
https://www.secondamano.it/
https://www.portaportese.it/
https://www.repubblica.it/economia/miojob/

Concentratori di annunci

Careeejet
SimplyHired;
Indeed
MyJobFinder
Cliclavoro

Siti istituzionali

https://www.anpal.gov.it/operatori/centri-per-l-impiego

https://www.agi.it/fact-checking/centri_impiego_lavoro_gelmini-4496915/news/2018-10-17/

Ricerca aziende

www.Infoimprese.it
www.misterimprese.it
www.kompass.it
www.guidamonaci.it
www.paginegialle.it

Reputazione on line

https://www.garyvaynerchuk.com/5-strategies-for-personal-branding-online/
https://brandyourself.com
https://www.slideshare.net/leonardobellini/personal-branding-reputation-31791097

Archiviazione Cloud

https://www.dropbox.com/
https://www.box.com/

Strumenti per redazione CV

https://www.canva.com/it_it/creare/curriculum-vitae/
https://www.openshot.org/it/
https://www.visualcv.com/linkedin-resume-builder/
https://www.doyoubuzz.com/us/
http://vizualize.me/

Lightning Source UK Ltd.
Milton Keynes UK
UKHW010647030123
414755UK00015B/761